ちくま新書

まさかの税金

——騙されないための大人の知識

三木義一
Miki Yoshikazu

1838

はしがき

「ご隠居、何で、この本を出されたんで？」

「いやね八っつあん、東京新聞の木曜朝刊の『本音のコラム』欄を2019年1月から担当してきたんじゃ。そのコラムで、税金問題もずいぶん取り上げたので、皆さんにも読んでいただけるようなものにまとめられるかと思ったんじゃ」

「で、そうなったんですか？」

「そうじゃのう、コラム執筆時に問題となっていたテーマを分かりやすく解説するつもりだが、何かの税制を体系的に解説するものにはなっていない。ただ、様々なテーマで皆さんが勘違いしていそうな点や、知らないと思われる点についてやや詳細にふれるようにして、少しでも税を見る目が変わってくれることを期待して本にしたんじゃ」

「それじゃ、はじめから読んでいかなけりゃいけないわけじゃないんですね」

「目次を見て気になる見出しを見つけたら、そこを読んでいただければいいのだよ」

「てへ、少し気が楽になったけど、でも、テーマが税金じゃ、難しいですぜ。特にご隠居は税法の専門家とやらで蘊蓄《うんちく》をたれたがるから、みんな逃げちゃいませんか」

「だから、わしは、この本では令和の宮武外骨を目指して、できるだけ権力をしゃれで笑い飛ばすことを目指したんじゃ。お前さんとのこうした対話もたびたび入れておいたぞ」

「で、笑い飛ばせた？」

「オチがつけられずに笑われているかもしれん。内容もお前さんのところの黒いワンちゃんみたいになったかもしれん」

「うちのクロ？　あっ、尾も白くない、って言いたいわけで」

「だが、税金問題に少しは関心を持ってもらえたのではないかと期待しておる」

「ということだそうですので、読者の皆様、お好きなところから、気楽に読んでいただき、ご隠居の失敗作から何かをつかんでいただけたら幸いでございます」

「これこれ、何が失敗作じゃ？」

「だって、ご隠居がこの最初の文章のタイトルで、自分の能力のなさを認めて、謙虚に読者に詫《わ》びておられるじゃないですか」

「この『はしがき』でか？」

「あ〜？　『はじかき』じゃなかったんだ」

まさかの税金
——騙されないための大人の知識

【目次】

イラストレーション 芦野公平

〔凡例〕

＊本文各項の見出しの体裁は次の通りです。

項番号　**項のタイトル**

＊項目中で他の立項が言及された場合には、文中にゴチック体で**（項番号）**を示しました。

＊本文中の役職や制度は２０２４（令和６）年11月現在のものです。

〔初出情報〕

本書は２０１９年から２０２４年まで「東京新聞」で連載した『本音のコラム』を各項の冒頭枠内に入れ加筆・再構成したものです。枠内末尾の日付は、同連載の初出掲載日です。時勢の変化に合わせて改訂・編集をし、解説を付しています。解説は書き下ろしです。

第一章

政治家たちの迷走

1 パーティー券収入と税

「ご隠居、自民党、特に安倍派に激震ですぜ」

「パーティー券収入のキックバック問題。ノルマ以上に売《う》り捌《さば》いた分がキックバックされていて、しかも政治資金収支報告書に記載されていなかったという問題か。さしあたり、不記載が問題になるが、わしは、もっと大きな問題があると思うぞ」

「てえことは、パーティー券が課税される？」

「いや、政党や政治団体は収益事業しか課税されない。パーティーなどは収益事業だと言いたいが、実務ではそう見ていないから非課税だ」

「やっぱりね〜。政治家様のための税制」

「だが、政治団体が非課税で受け取っても、個人に渡していたら、個人の所得じゃ」

「あれ、贈与では？」

「贈与税は個人間の贈与が対象だ。政治団体からの贈与となると、所得税になり、業務上の関係があるから、一時所得ではなく雑所得だろうの」

「それを議員たちが受け取っていながら申告していねえ。庶民にはインボイスを強行しておいて、自分たちは脱税？」

「情けないの〜。こんな連中が毎年の税制改正を決めておる」

「しかも、国民の税金からこの連中の数も含め政党交付金を受けてる。政党は彼らを対象から外し差額を国民に戻せ！」

「正当じゃ〜〜」


（2023・12・7）

2023（令和5）年末から明らかにされてきたパーティー券キックバック問題は税法上も大きな問題を抱えている。まず、政治団体というのは、通常、法人格のない社団であり、しかも、一般の法人とは異なり営利目的で設立されるものではなく、株主などもいない。さらに、政治という「公益」目的のための団体なので、民間会社のように法人税の対象にしなくても本来は問題がないはずのものだったのである。

しかし、法人税がかからないとなると、こういう団体を利用して民間会社と同じ利益活動を行おうとする動きが必ず出てくる。そうすると、民間業者は公益法人よりも著しく不

表　収益事業とされる34事業（法人税法2条13項、法人税法施行令5①）

1	物品販売業	10	請負業	19	仲立業	28	遊覧所業
2	不動産販売業	11	印刷業	20	問屋業	29	医療保健業
3	金銭貸付業	12	出版業	21	鉱業	30	技芸教授業
4	物品貸付業	13	写真業	22	土石採取業	31	駐車場業
5	不動産貸付業	14	席貸業	23	浴場業	32	信用保証業
6	製造業	15	旅館業	24	理容業	33	無体財産権の提供等を行う事業
7	通信業	16	料理店業その他の飲食店業	25	美容業	34	労働者派遣業
8	運送業	17	周旋業	26	興行業		
9	倉庫業	18	代理業	27	遊技所業		

利になってしまうのだ。そこで、通常の民間会社でも行う「収益事業」収入は、公益法人や政治団体が行ったとしても、民間会社と同じように課税対象にすることにしたのである。

だから、政治資金パーティーも「収益事業」に含まれるなら、政治団体のパーティー事業の収入も課税されることになる。しかし、課税の実務では、あのパーティーを公益的活動としての政治活動であるとみているのである。

この課税対象となる「収益事業」というのは表の34業種である。パーティーをやって収入を得る事業というと興行業（表の26番）等は近いかもしれない。いずれにせよ、課税庁が課税していないので、裁判にもならないので、その運用が法的に正しいかは不明である。

なお、ペットの葬祭を宗教法人がやって課税されたことがあるが、その場合は上の何業か分かりますか？　裁判例によると、ペットの葬儀は請負業（表の10番）で、ペットのお墓は倉庫業（表の9番）だそうだ。だから、政治資金パーティーも、課税しようと思えば、課税できそうだ。

この点はともかく、政党内の派閥というものから、政治家もしくは政治団体がキックバックを受けていたらどうなるのだろう。

政治家個人がある団体から利益を受けていたら、当然政治家個人の所得税の対象になる。政治団体の方に戻されたのなら、通常は団体の方に返還された金額についての記載があるはずなので、記載がないなら個人の方に帰属しているとみるのが、ごく普通である。少なくとも庶民の場合はね。

そうすると、キックバックを受けていた政治家個人はほぼ全員雑所得の収入金額はあったことになり、必要経費をそれ以上支出していない場合は、差額が所得として出てくるので、申告していなかったとしたら、違法なことをしていたことになるのである。それが大変なので、誰かが入れ知恵して、団体から一時的に預かっていたお金にしておいたようだし、税務署も調査することなく、黙っているのである。

政権交代がなかなか実現しない日本では、既得権力を握っている与党への配慮が強すぎたが、2024（令和6）年の総選挙では与党が過半数を取れなかったから、この先どうなるか……。

2　議員を助け、庶民を挫く国税庁

野党議員「昨年からの調査結果を教えてほしい」

国税庁長官「現議員の方が181名、前議員の方が22名、合計203名の方に修正申告や更正処分をいたしました」

「金額はいくら?」

「増差所得のトータルは2億1800万円にのぼっております」

「いわゆる政治資金、これが雑所得として申告されておるのか」

「おそらく政治活動に伴う収入支出は、差し引きゼロという事例が多いせいだろうと思いますが、所得ありとしての申告は非常に少ない」

「調査はいつ頃から」

「昨年からです」

大蔵大臣「議員に対する名誉を尊重し、今までしなかったのです」

「それは大変な間違いだ。今年申告していない議員は何人いる？」

「衆参両院で159名の方が無申告です」

「派閥から高額支給されているのに、それでいいのか？」

今から57年前、1967（昭和42）年5月23日の大蔵委員会の一部の要約である。この時期から与党の議員も申告せざるを得なくなったが、さっそく政治団体を多数造り、政治資金はそちらに移し、個人の所得では政治活動支出を雑所得の経費に入れ、赤字にした上で、歳費と相殺し、還付を受ける。大量の還付申告に国税庁が参り、翌年から雑所得の損益通算を禁止。副業の赤字で還付されていた庶民には増税となったのである。

与党の自浄能力？　ないね。


（2024・2・8）

最近の与党政治家の無様《ぶざま》な姿勢を見ると、やはりあの時の国税庁の判断ミスが今日の結果を招いているのかもしれない。

1966（昭和41）年に田中彰治代議士の不正収入と無申告の実態が検察の手で明らかになり、国税庁がそれまで代議士には何もしてこなかったことが暴露され、大きな批判にさらされた。

それまでは、代議士が個人から受ける献金は「贈与」、法人から受け取るものは「一時所得」として扱っていた。政治活動は公益活動なので、政治活動が何らかの収入を生み出すことはないし、法人からの献金も法人の業務とは全く関係なく、偶発的に受けたものにすぎない、という前提で考えられていたのだ。

だが、申告してくれる代議士は皆無だった。しかし、これでは、国民の批判をかわせない。そこで、少しでも申告してもらうように、政治献金を雑所得に入れることに変更し、政治活動支出は必要経費に入れる大転換をしたのである。負担を大幅に減らせるので、申告数が増えると考えたのであろうが、与党政治家は、個人ではなく、政治団体を受け皿にしていったようである。

そもそも政治献金を「雑収入」にして政治活動費を経費にしたら、政治活動は公益のための無償の行為ではなく、収入を得るための活動になってしまいませんか？　そ

ういう収入を庶民は「賄賂《わいろ》」と呼んでおります、はい。（2024・3・14）

この2つのコラムのうち、前者は、1967（昭和42）年の国会の状況が2024（令和6）年と同じだよ、ということを示したものだ。国会議員、特に自民党議員の脱税的行為は当時も現在も目にあまる。

しかし、それは選挙民の責任かもしれない。なぜなら、1966（昭和41）年の秋、共和製糖事件等の黒い霧事件が発覚し、与党議員が深く関与し、政治活動からの収入を申告していないことが大きく問題視されたのに、翌年1月に行われた総選挙で、自民党は政権与党として現状維持できてしまったからだ。選挙民も税の申告をしたくないからか、議員の無申告を許しちゃっているわけだ。まあ、同じ穴の狢《むじな》だったのかもしれないね。

それでも黒い霧事件以後、ようやく国会議員の申告問題がクローズアップされ、翌年5月の国会の大蔵委員会で、前者のコラムのように、国税庁も少しデータを示すようになった。

それまでは、政治家が、個人から政治献金を受けると「贈与」、会社から受けると「一時所得」として課税する建前になっていた。理屈でいうと、政治活動というのは公益事業だから、お金のためにやっているのではないので、贈与、一時的利得と考えるべきだとされていたのだと思われる。しかし、申告してくる政治家などおらず、黒い霧事件で田中彰治代議士の脱税が明るみに出たため、議員にも申告を促さざるを得なくなったわけだ。

そこで、国税庁は、政治家個人が受け取った政治資金は、政治活動に使った分は必要経費として認め、残りがあった場合は雑所得として申告するようにした。その意味を分かりやすく解説したのが、後者のコラムだ。

なんとか議員に申告してもらいたいと考えた国税庁は、政治献金を「雑所得」に入れれば、必要経費として政治活動費も控除できるので、国会議員も申告しやすいではないか、と考えたようだ。ところが、申告を迫られた国会議員たちは政治団体をいろいろ造り、団体の方で献金を受け、個人には収入がないようにしたか、あるいは個人で受け取っている人は、それを収入としつつ、自己の政治活動費というものをすべて控除して、マイナスの雑所得金額を計上し、申告で歳費の税金を還付させるという高等戦術に出てきたのである。つまり、赤字申告をして、マイナス分を歳費から控除して、税金の還付申告をしてきたのである。国税庁がこれには参って、1968（昭和43）年改正で、雑所得の損益通算禁止（マイナスの雑所得と歳費の相殺を禁止）というおまけまでついてしまったのである。

それが2023年の雑所得騒動につながっている。国税庁が、300万円以下は副業として、雑所得にする、という方針を示したら、多くの副業者から赤字の相殺ができないという反発を食らって、300万円基準は撤回されたが、庶民がそういう不利益を受けるようになった原因は国会議員の申告乱用だったわけである。

議員に対する申告の慫慂《しょうよう》は、その後、田中角栄の金脈問題が話題になった1977年から1981年に一時強化されたことはあるが、与党政治家に対する忖度《そんたく》が蔓延《まんえん》している。

なぜ、そうなるか？　そりゃ決まっているでしょう。具体例を挙げよう。

「吉田某」という架空口座のおかしな動きを追跡したら、政治資金5000万円を家の新築に使っていることが判明。本来は脱税であろうが、政治家さんなのでそこは少し忖度して、修正申告ですませてやった。ところが、この方が、その数ヵ月後、大蔵大臣に任命されて、当時の大蔵省に乗り込んできたのである。脱税をした場合は当然として、一定額以上の修正申告や重加算税を課された方は、大蔵（財務）大臣・首相になれないというような規制がない限り、調査する税務職員は気が気ではないよね。

さらにいえば、政治家に甘いのは、特定の政党が長期に政権に居座っていられる日本の政治状況からきている。政権交代が頻繁に起こっている社会では、官僚も公正に対応しないと政権が変わったときに自らが危なくなるから、きちんとせざるを得なくなる。まあ、政権交代をさせたがらない日本の選挙民が、与党政治家を甘やかし、その特権の甘い汁を一緒に吸い続けているのかもしれませんね。

3　賄賂は続くよ、どこまでも

「ご隠居、Ｇｏ　Ｔｏドタバタ。おまけに業界から金をもらってやっていたなんて、情けねえ」

「八っつあん、その問題じゃが、１９９４（平成６）年の政治改革で『見返りを求めない献金』にすると誓い、代わりに政党は政党交付金をもらうことになったんじゃ。自民党はこのところ毎年１８０億円も受け取っておる。交付金の総額は毎年約３２０億円。国民１人２５０円だ！」

「え～、１人２５０円。騙《だま》されても、まあしょうがねえとあきらめられる金額だ。うまいね、釣り銭詐欺だ、こりゃ」

「変なことに感心しないでおくれ。国民の税金を受け取ってこれじゃ、昔よりひどいの〜」

「ご隠居、180億円返してもらいやしょう」

「献金を受けただけでは返還は無理じゃ」

「それじゃ自民党議員には歳費を全部自主返上してもらいやしょ」

「そうじゃ、そのぐらい怒るべきだの〜」

「やい、血税を使っている自覚をもちやがれ。180億円返せ！」

「そうじゃ！」

「250円でも俺は許さねえぞ。返せ！」

「そうじゃ！」

「あ！　ご隠居、申し訳ねえ。あっしは去年税金払ってねえや」

「そんなことと思っておまえたちの家賃の中にわしの税金を全部いれてある。安心して怒れ！」

「そ、そんな〜」

「これで分かったか。わしの家賃がいかに政党か」　（2020・7・30）

「ご隠居、またまた政治資金規正法改正案を与党が出すようですが」

「やったふりをするだけの改正だ。政権交代してやり直さなければ変わらんよ。この文章を読んだことあるかい？」

〈1993年9月、経団連は「企業献金については、廃止を含めて見直す」との方針を発表した。その後、政治資金規制が強化され政治資金の透明度が高まり、また一方で公的な政党助成が実現するなど、政治寄付を巡る環境は変わった。

他方、期待された個人寄付は伸び悩み、企業寄付は大幅に減少した。

その結果、公的助成への依存度を大幅に高めている政党が多いが、民主主義の根幹である政党の自立性・主体性の確保の上から、企業寄付を含む民間の自発的な寄付の意義を再認識すべきである。政党の必要資金は、党費・事業収入と民間の寄付を主体とし、公的助成はこれらを補完するものとして位置付けるべきである。〉

「何です、これ？」

「当時の経団連の奥田碩《おくだひろし》会長が気の合う自民党さんのために一肌脱いで企業献金を復活させるぞと宣言したときの文章だよ（2003年5月12日）」

「へえ〜、民主主義ってのは、金のある企業が政党を動かして有利な政策を実現する制度だ」

「この発想を変えなければ、日本は変わらん。世界中と交易している経団連こそ言うべきじゃ。政治は公益活動だと！」

（2024・5・16）


コロナ感染の拡大がなお懸念されていた2020（令和2）年7月に当時の安倍首相は、国民からの批判も押しのけて「Go Toトラベル」を強行したが、その直後利益誘導疑惑が浮上した。自民党の二階俊博幹事長（当時）を筆頭とする〝観光族議員〟が、観光関連14団体から、約4200万円もの献金を受けていたことを週刊誌が報道したのを受けて、前者のコラムが書かれた。その後の不祥事の方がさらに質が悪いので、もう忘れた人も多いと思うが、こういうことが続いているのである。

本来政治活動は公益活動であるという前提で、政治活動を広く非課税にしているのに、今もなお関連業界から金をもらうというのは、公益活動としての政治活動と私的活動の賄《わい》賂《ろ》との区分がますますあやふやになっていることになる。裏金騒動に関連して改正政治資金規正法が2024（令和6）年6月に成立したが、期待しても無駄だった。それに、経団連の十倉雅和会長は2023（令和5）年12月の会見で、企業団体献金が税制優遇に結び付くなど政策をゆがめているとの指摘に対しては「世界各国で同様のことが行われている。何が問題なのか」と述べているからだ。後者のコラムは、経団連が再び企業献金をやり出したときの宣言文を紹介したものだ。コラムで引用した文章を受けて次のように述べている。

〈日本経団連では、上記のような認識に基づいて、政党へ透明度の高い資金を提供する仕組みを整備し、政策本位の政治の実現に協力していく。

具体的には、日本経団連内に以下の事項を検討する「政経行動委員会（仮称）」を設ける。

1. 日本経団連としての「優先政策事項」の設定
2. 「優先政策事項」に基づく政党の評価
3. 経済界としての寄付総額の目標設定
4. 企業ごとの寄付額の目安の設定

これらを参考にして、企業・団体が寄付先や寄付額を自主的に判断し実践するよう呼びかける。

なお、「優先政策事項」の設定とそれに基づく政党の評価に当たっては、外部の有識者の意見も聴取する。〉

要するに政策を金で買うということである。政党交付金は結局意味のないものになっている以上、国民の税金を使う政党交付金制度をもうそろそろ廃止にしてはどうか。

4 議員歳費削減の裏

山口百恵さんの歌「ロックンロール・ウィドウ」の詞（作詞・阿木燿子さん）が頭を駆け巡る。

2019（平成31）年2月8日、与党が参議院議員の歳費を3年間7万7000円下げる法案を提出したからだ。今度の参議院選挙になると、定数を6も増やしたことが野党から批判されるので、それをかわすためだ。定数は増えても議員経費は増員前と同じで、国民に迷惑をかけていない、と反論したいようだ。

2015（平成27）年度の国会の決算によると議員経費が約490億円、約700

人の衆参議員総数で割ると1人当たり約7000万円。今度の選挙で、増員6の半数の3人が増えるので、約2億1000万円の費用が必要になる。そこで、月129万4000円の歳費を参議院議員全員が毎月7万7000円ずつ減らせば、ほぼ同額を捻出できる、というわけだ（厳密にいうと課税所得を減らしているため、税収も減るので同額にはならない）。

しかし、問題の本質は、一票の格差を是正するために定数と選挙区割りをどう公正に決めるのか、という点なのだ。利害関係者である国会議員たちが決めても公正にできるはずがないし、前年の改正も党利党略だった。「何人も自分の案件についての裁判官たり得ない」。公正な第三者が決定する法案を出すべきだ。

♪「何かが違うわ

かっこかっこかっこ

かっこかっこかっこ

かっこばかり先ばしり」♬

（2019・2・14）

何か問題が出てくると、議員歳費などを一定期間減額し、反省のポーズをとって、国民が忘れた頃に戻していく。

この法案はその後国会に提出されたが、国民民主党が提案した自主返納案に与党が乗り、与野党合同案に修正された。歳費の自主返納を可能にするように法案の修正を行い、この年の夏の参院選を迎えることにしたのである。

自主返納だから、強制力はない。実際にどの程度の人が返納するのだろう。与党は定員増を強行したのだから、野党からの批判を恐れ、自主的に返納せざるを得ないと思われるが、定員増に反対していた野党議員には、たまらない。反対したものが通され、その結果、そのおわびとして自己の歳費が減額されるわけだからである。

参院議運理事会はその後、各議員の返納の有無や返納額、会派別の返納状況を公表しないと申し合わせ、自主返納を徹底した。自主返納が始まって、1年が経った時点での報道では、返納額は「目安」の3分の2程度に止まったという。

要するに、法案の内容も、実際の運用もポーズばっかりなのである。しかし、こういう議会運営を許しているのは、我々選挙民でもある。

5　1日100万円？

「ご隠居、1日在職しただけで月額100万円支給される問題で、与野党ともけしからんとか？」

「ああ、あの文書通信費のことか。与党は言語道断、野党も格好だけ」

「へえ？　そりゃ、一体どういうわけで？」

「与党は使途の公開を嫌がっておるが、そうなら、企業の渡切交際費みたいなもんで、民間なら当然給与じゃないか。それを彼らは、歳費法にわざわざ非課税と明記させた（9条2項）。どうして非課税なんだい。自分の判断で使えるものなら所得じゃないか。野党も公開を求めるだけではなく、与党案なら課税対象になると言わねば。そうすれば、使途の公開なども不要だ」

「あっ、な〜るほど。でも、与野党ともその主張はしませんぜ」

「そりゃそうだろう。すでに、歳費を約2200万円も取得した上での第二の収入だ。

これを課税対象にすると、第二の収入の半分が税金で消えてしまうんじゃよ」

「それで、その問題には触れないようにし、美味《おい》しいところは残す」

「どうして議員たちは自らを律しないんじゃ。他にもあるぞ」

「一件だけで十分ですぜ、議員のせこさ100％」

（2022・1・13）


2021（令和3）年衆院選で、投開票日が10月31日だったため、当選した新人は在職1日にもかかわらず、10月分の文書通信費を100万円満額受け取ったことに有権者から批判が相次いだことを覚えているだろうか。

野党は返納することと法改正を要求したが、自民党は後ろ向きでなかなか改正できなかったのだが、ようやく翌年4月、与野党は日割り支給への変更に合わせ、名称と目的を変更するということで合意した。満額支給を改めるのは当然として、名称と目的をなぜ、どのように改正したのか、これが問題なのだ。

この文書通信費は当時の歳費法（国会議員の歳費、旅費及び手当等に関する法律）で「公の書類を発送し及び公の性質を有する通信をなす等のため」と定められていた。公の書類等に限定されていたことになる。しかし、使途を公表する義務がないので、各議員が仮に私的に使っていても分からないし、実際には、議員が関連する政治団体への寄付や私設秘書の人件費に充てるなど、選挙活動に使っているとされていたようである。

2022（令和4）年の改正でそのずれをどう改めたのかを確認してみよう。

まず改正により、名称が「文書通信交通滞在費」から「調査研究広報滞在費」に変わり、手当の満額支給もなくなり、歳費同様、日割計算になった（第11条）。そして目的欄は次のように改められた。

〈第9条　各議院の議長、副議長及び議員は、国政に関する調査研究、広報、国民との交流、滞在等の議員活動を行うため、調査研究広報滞在費として月額百万円を受ける。

2　前項の調査研究広報滞在費については、その支給を受ける金額を標準として、租税その他の公課を課することができない。〉（傍線引用者）

なんと実態の方に合わせちゃっているのである。これだけ広い活動に使えるとなると、支援者と呑んでも使えそうである。我々庶民が法を犯すと処罰されるが、偉い人たちが法を犯すと法が変わっちゃう、という悲しい日本の姿がここには見えるのである。

なお、元々の名称が「交通滞在費」でもあったので、地元への移動交通費はここから出していると思うのは甘い。ちゃんと、次の第10条で飛行機や鉄道等の「料金を支払うことなく乗ることができる特殊乗車券の交付を受け」る規定もあるからである。

こういう待遇で飛行機などでふんぞり返って、吉幾三さんにあまりに態度の悪い議員として YouTube で名指しされる自民党議員などが生まれるわけだ。至れり尽くせりの待遇なので、どうか議員さんには法制に見合うきちんとした公益活動としての政治を行ってもらいたいものである。

6 昭恵さん、税金は?

「ご隠居、また、昭恵さんのことが話題に!」

「おお、安倍元首相の政治団体『晋和会』の代表に就任し、そこに安倍さんが関係していた政治団体から1億8000万円の資金が流入し、無事相続が終了したからな」

「これがご隠居がいつも怒っている『政治団体経由相続税回避策』ってやつですね」

「そうだ。相続税法に明文の非課税規定はないが、国税庁は事実上非課税として運営しておる」

「下手に課税したら、あとが怖いんですよ」

「帰国した夫婦のご主人が亡くなると奥さんの外国年金受給権（本書46項）にはおかしな課税をし、日本人夫婦たちの帰国を躊躇《ちゅうちょ》させているのにだぞ」

「庶民には乱暴な課税をしても屁《へ》でもねえ」

「政治団体の資金を無税で承継できることも問題だが、そもそも、国民の税金を預かる仕事の世襲自体が問題じゃ」

「確かに！」

「しかし、動きが出てきた。今国会に立憲民主党が、国会議員が自身の親族に自らの関係政治団体を引き継ぐことを禁じる政治資金規正法改正案を提出している」

「あれ、そうなんだ。マスコミもあまり大きく報じていませんぜ」

「どうせ廃案になる、とみているのだろう。しかし、与党のもみ消しを防ぐには世論の高まりしかないのだがの〜」

「読者の皆さんに期待しましょ！　よろしくね〜」


（2023・11・30）

「ご隠居、日本の選挙も色々と大変ですが、アメリカじゃイーロン・マスクって大金持ちがトランプ応援のためにとんでもないことをし始めていますぜ」

「言論の自由と銃所持の権利を支持するとの嘆願書に署名した激戦州の人の中から、毎日１人１００万ドル（≒１億５０００万円）ずつ当選者として小切手を渡している件か？」

「そうですぜ。こんなことが許されるんだったら、金持ちに都合に良い政治家ばかりが選ばれて、民主主義など崩壊だ」

「もう崩壊しているのかもしれんの〜。マスクの行為は日本だとそのあと悲劇を生み出すかもしれないがの」

「えっ、そのあと悲劇が？　どういうことで」

「マスク個人から１００万ドルもらったとすると、皆さん大喜びで家を買ったり、贅《ぜい》沢《たく》三昧《ざんまい》で、ほとんど使ってしまうだろう。そこにやってくるのだ。税務署が」

「え〜、税務署？」

「贈与税約７５００万円払えと言われるのじゃ」

「ひえ〜、もらっても喜べねえ。トランプ支持派も要注意ってことか」

「いや、アメリカの贈与税は贈与者課税だから、単純なスキームだとマスクが払うことになる。詳細は不明だがの」

「みっともねぇ、露骨に金で票を買っている」

「日本は今度の選挙でその逆になるといいの〜」

「その逆？」

「裏金で票が逃げる！」


（2024・10・24）

政治家が自分の後継者に政治団体を承継させ、無税で相続税を軽減するとともに、選挙資金等を確保していることを前から苦々しく思っていたが、政治家でもない奥さんが承継するとは、びっくりしてしまった。故安倍晋三元首相の妻・昭恵氏が、夫の政治団体「晋和会」を継承し、元首相の5政治団体から計約2億1000万円を集めていたことが分かった問題である。政党交付金の国庫返納もなく、無税で政治資金を政治家でもない人が「相続」した格好となるからである。国会では衆院予算委で枝野幸男議員が「なぜ亡くなった日に、私人であった配偶者が自民党の支部長になるんですか」と追及したが、当時の岸田文雄首相は「政治団体が代表を誰にするのか、資金をどうするのか、これは団体において判断する課題と考える」と逃げている。

この「晋和会」の「相続」は実は二度目である。故晋三氏が父親の晋太郎元外相が亡くなった1991（平成3）年に6億円以上の資金を承継したのが一度目で、これを週刊誌が「脱税疑惑」と報じたことがあったのである。

総務省等が公開した政治資金収支報告書によると、安倍元首相が亡くなった後の2022（令和4）年7月から2023（令和5）年1月までの間に、晋和会に5つの関連政治団体から総額計約2億1470万円が寄付の形で移されていたようだ。

なぜ、政治団体を利用するとこんな優遇が可能になるのだろうか。政治団体は、個人ではなく人格なき社団であるが、一定の場合には個人とみなされて贈与税や相続税の対象となる（相続税法第66条）。ところが、相続税法では第12条に非課税財産の規定を設け、第3号で次のように規定しているのである。

〈相続税の非課税財産〉

第12条

3　宗教、慈善、学術その他公益を目的とする事業を行う者で政令で定めるものが相続又は遺贈により

取得した財産で当該公益を目的とする事業の用に供することが確実なもの〉（傍線引用者）

より具体的には相続税法施行令第2条で「その事業活動により文化の向上、社会福祉への貢献その他公益の増進に寄与するところが著しいと認められるものを行う者」であるとされており、政治団体が、この公益目的事業に供するものが確実で、公益の増進に寄与することが著しいと認められるとされているわけだ。

前者のコラムでとりあげた昭恵さんの件については、彼女の相続税がどうなっているんだという声も上がった。承継した政治団体の財産を相続財産に加算した場合との対比で優遇ではないのか、という疑問だね。くわしい相続関係は不明だが、もし、昭恵さんだけが法定相続人だとすると、配偶者控除が法定相続分に適用されるので、100％控除だから、相続財産がいくらでも無税であることには変わりないと思われる。ただ、そうして承継した政治団体を次の後継者に渡すことまでが無税で良いのかは疑問である。

我々庶民にはこんな優遇はなく、相続税の課税割合が高くなっている状況の中で、なぜ政治家と政治団体だけがこんなに優遇されているのか、このことが世襲議員の跋扈《ばっこ》を招いていることを選挙権を有している国民として問い直すべきなのであろう。

後者のコラムはアメリカ大統領選挙の終盤で見られたすさまじい金権選挙の実態を批判

的に書いたものである。日本の場合は、相続税が相続人に課せられる仕組みなので、生きているうちに早めにもらった受贈者に贈与税が課される。一方アメリカの場合は、相続税が遺産に課税される仕組みなので、その遺産を早くなくそうとした贈与者に課税されるため、日本的悲喜劇は出てこないということを紹介しておいた。こうした選挙運動の結果、トランプが当選した。どうなることやら……。

7 キツネかタヌキか

岡山県の渋川動物公園では、タヌキの赤ちゃんがちょうど子供を産んだ母猫に子猫と一緒に育てられているのが話題になっているという。西松宏さんの「飼育員もびっくり　猫がタヌキの赤ちゃんを育てた夏」というインターネット記事が写真入りで紹介している。何ともほほえましい光景である。生物たるものかくありたいものである。

同じ日、逆に、妙に仲が良いことに違和感を覚える記事にも接した。安倍内閣が2019（令和元）年8月30日の閣議で、読売新聞グループ本社の白石興二郎会長をスイス大使に充てる人事を決めた、というのである。この方は報道機関の現職トップでもある。

本来報道機関というのは、市民社会のために権力を監視することが基本的な任務のはずだ。だから、政府の誘いには一線を画して対応すべきなのではないだろうか。たとえ、政府の政策に賛成だとしても、である。菅義偉官房長官（当時）は閣議後の記者会見で「大使も含め、人事はすべて適材適所で行っている」と語ったそうだが、政府の政策宣伝にとっての適材適所では、と揶揄《やゆ》されても仕方あるまい。

猫の政府がタヌキのマスコミを育てたのか、タヌキの政府が猫のマスコミにすり寄ったのか、どちらなのかは分からないが、政府によって作られている奇妙な親密感。

あれ〜、ひょっとすると、どちらもタヌキ？

（2019・9・5）


権力を監視するのがマスコミ・新聞の役目だと思うが、安倍内閣はマスコミを懐柔するのがうまかった、というか、マスコミの方からこびを売っていたようにも思われた。消費税軽減税率を新聞も適用されるようになった経緯を見てきた者としてはなんとも日本のマスコミは情けないと思ってきた（本書**41項**）。

そこに、この報道。思わず目を疑った。権力を監視するべき大手新聞社の偉い方が、今度は権力側のプレーヤーとして行動するのである。民間人の起用による開かれた人事という評価もあり得るかもしれないが、政府監視の立場として一番重要なマスコミ関係者は避けるべきであろう。もっとも安倍内閣にとっては、このスイス大使は利用しやすいポストだったようで、前任者は、安倍晋三首相の三十年来の友人で、内閣官房参与としてアベノミクスのブレーンを務めてきた財務官僚出身の本田悦朗氏だったからである。白石氏は結局2022（令和4）年11月まで大使を務めた。

問題は他にもある。例えば、オリンピック2020東京大会のオフィシャルパートナーに日本の有力新聞社、読売、朝日、日経、毎日の4社が名を連ねていた。コロナ禍のオリンピック騒動の問題点を大手新聞がきちんと取り上げなかった原因がここにありそうである。マスコミの政府監視機能が失われないことを切に願う。

8
投票率と義務投票制

選挙の形式は国によってさまざまである。棄権をすると罰金を科す義務投票制もあり、オーストラリアがその代表的な国である。先日、私の大学でオーストラリア学会が開かれ、政務担当公使が来られたので、本当に罰金を科しているのか尋ねてみた。棄権した合理的な理由の有無を確かめた上で科しているという。その話をしながら、公使がうれしそうに、「民主主義のソーセージ」(democracy sausage)の話をされた。

オーストラリアでは、投票日には投票所のそばにソーセージの屋台が出て、ジュージューという音とともに、ソーセージの芳《かんば》しい香りが充満するのだそうだ。投票が終わると、このソーセージを購入し、食べるのが、今やオーストラリアの選挙を象徴しているという。

日本でも可能になったら何が良いだろう? 民主主義の焼きそば、たこ焼き、焼き芋、おでん、いろいろありそうだ。地域ごとに特色のあるものを出して投票率を競ってみるのも良いかもしれない。ただし、投票すると無料でもらえるようにすると、おいしい物が出るところで「ふるさと投票」させろ、という人も出てくるかもしれない。

私としては炊きたてのご飯でつくる「民主主義のおむすび」を推したい。だって、日本の一票＝一俵は米俵だし、一票に願いをコメて投票するのが民主主義だからである。

（2019・6・20）

「ご隠居、以前、裏金で票が逃げることを期待されていやしたが、そのとおりになったんでは？」

「う〜ん。今回の選挙結果を見て、風が吹いたとの評価もあるが、私には感じられなかったの〜。なぜか考えておったのじゃが、投票率だ。政権交代を求める強い風で投票率が上昇し、与党支持岩盤層の票を吹き飛ばしてほしかったのだが、投票率は低いままじゃ」

「確かに、今回の投票率は53・85％で戦後3番目に低かったようですね」

「民主党が大勝して政権交代が起きたときは69％台だったからの〜」

「てえことは、今回の結果はどうして?」

「安倍政権時代からの不正が次々明らかになり、ず〜っと長雨が続いて、保守の支持地盤が少し緩んできていたんではないかの〜。そこに例の裏金問題だ。さすがに、これまではなんとなく自民党に票を入れてきた人たちも今回は少しためらって、どこに票を入れるか悩んだのではないかの〜。そこで、さしあたり保守から見ても安全そうな国民民主党あたりに票を移したのかもしれんな」

「てえことは、長雨のために与党川の両岸が緩み、小規模の土砂崩れを起こしてきたとみているわけだ」

「そうじゃ。まだ岩盤層まで崩れていないので、川にかかっている橋はどうにか残っているがの」

「へへ、わかりやした。その橋、石破氏ですね」


(2024・10・31)

投票率が下がっているので、民主主義の危機だから、義務投票制にすべきだという声もあれば、自由投票、棄権の自由は内心の自由でもあり、とても重要だという指摘もある。選挙の形式は国によって様々である。日本の選挙の投票率は近年ますます減っている。20

24（令和6）年の総選挙の時は後者のコラムで書いた状況になった。風は吹かなかったようだ。

これは民主主義にとっては脅威である。しかし、投票を強制するのも、少し気になる。何よりも、投票するのは権利であって義務ではないはずだからである。しかし、世界を見ると、義務投票制を採用している国は結構ある。民主主義の前提の中で義務投票制を採用している国としては前者のコラムでふれたオーストラリアが有名だ。2019年の選挙では、上院92・48％、下院91・89％という投票率を誇っている。しかし、日本の状況に慣れている者にとっては、目を疑ってしまう数字でもある。

一体どうしてそのような数字になるのか少しみてみよう。

18歳以上の全てのオーストラリア国民は投票を義務付けられていて、投票しなかった場合には罰金が科せられるのである。罰金額は各州や特別地域によって異なるが、20豪ドル（約2000円）から175豪ドル（約1万7600円）である。罰金勧告1回目で支払えば20豪ドル、2回、3回と催促通知が届くたびに罰金額が上がっていくというシステムで、もちろん投票できなかった正当な理由があれば、免除される。この正当な理由になるかを巡っていろいろな争いがあるのだろうな、と想像してしまう。

図　衆議院議員総選挙の投票率推移（出典：総務省「国政選挙における投票率の推移」より）

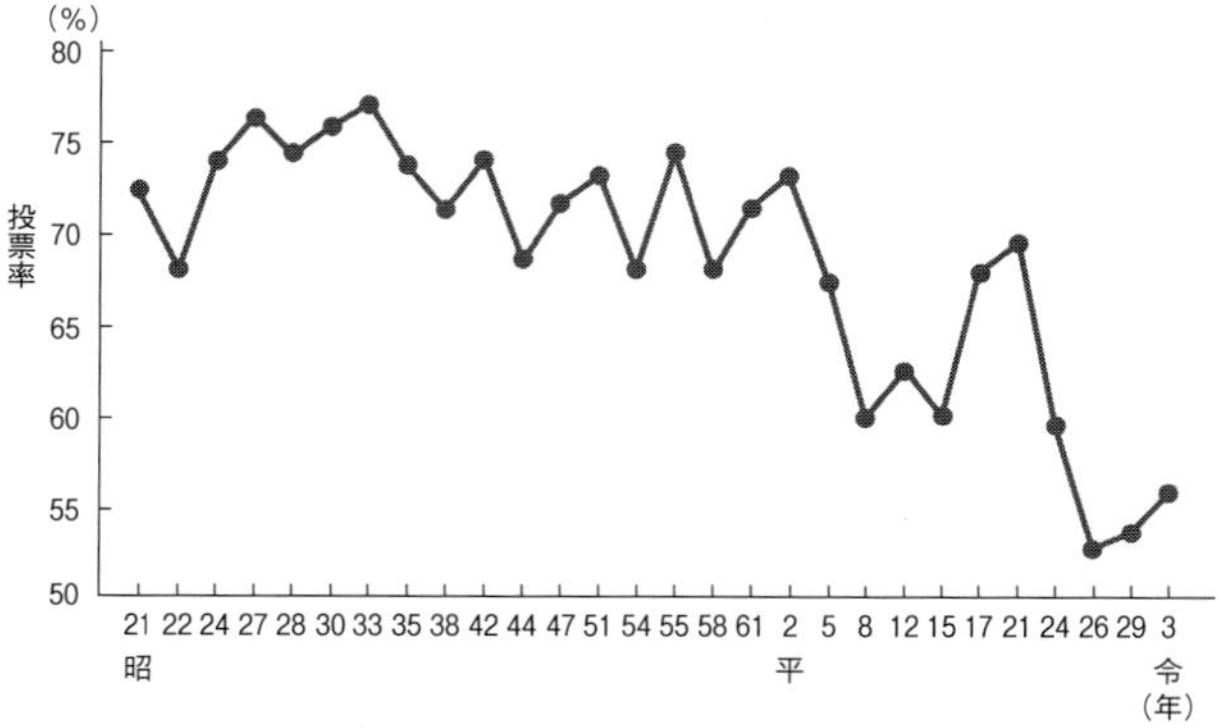

他方で、democracy sausage のHPもあり、そこを覗くと、どの投票所にどの食べ物があるのか、分かるようにされているそうだ。

日本で初めて総選挙が行われた1890（明治23）年の被選挙権資格は、国税15円以上を1年以上納めていることだった。ところが当時の当選者の中には、それが不可能と思われる庶民派も含まれていたそうだ。おそらく支持者の仲間が財産造りを行っていたようである。それだけに投票率が高く、90%を超えていた。戦後、1946（昭和21）年4月に女性も参政権を取得し最初の選挙が行われ、投票率も70%を超えていたが、徐々に減りだしているのである（図）。

9 内閣官房機密費

「ご隠居、菅首相は公邸に住んでいないんですかい？」

「菅さんだけじゃない、第2次安倍政権もそうだった。だから野田元首相が、1分1秒を争う問題が起きたとき首相としてそれで良いのか、と国会で問い詰めたんじゃ」

「なんかよく分かんねえ返事でしたぜ」

「毎年、1億6000万円の維持費が無駄になっておるんじゃ」

「やっぱり、公邸だと休めないんですかね？」

「わしは2人とも本当は公邸の幽霊が怖い、とにらんでおる」

「え〜、ご隠居、幽霊？　校庭の幽霊じゃなくて、公邸の幽霊？」

「公邸の幽霊は非常に有名な話だ。しかも普通の幽霊と少しちがう」

「へっ、何が？」

「軍服を着た人たちが多く出るそうだ。森元首相が退任前日に体験した話をしているが（「毎日新聞」2001年5月16日）、それによると、『誰だ！』って一喝したら、廊下をタッタッタッと音が遠ざかっていったそうだ。ということは、この幽霊には足があるということだ。これは2人にはとても怖いことだ」

「？」

「2人とも官房機密費など足のつかない金で政界を牛耳ってきたお方だ。だから普通の幽霊なんか簡単に手懐《てなず》けちゃう。だが、公邸でこの幽霊と出会ったら大変だ。たちまち足がついてしまうではないか。お〜、怖！」

（2021・2・18）


安倍晋三元首相と菅義偉元首相が公邸を利用していなかったため、やはり幽霊を恐れているのかという噂が密かに語られていたが、岸田文雄前首相は就任から2カ月を経て、公邸に入居し、野田佳彦元首相以来、約9年ぶりに本来の姿に戻った。これで一件落着かと思ったら、2023（令和5）年11月、突如首相がホテルに宿泊しだしたのでまた話題になったが、これも結局は水回りのトラブルのためだったそうで、一安心だ。

他方で、このコラムで取り上げた内閣官房機密費は相変わらず問題だらけだ。とりわけ内閣官房報償費（官房機密費）の「政策推進費」は、領収書を必要とせず、官房長官1人の判断で支出できるブラックボックスになっている。菅氏が官房長官在任中の2822日間に支出した総額は86億8000万円に上り、1日当たり平均307万円を使い続けていたという途方もない額だった。確かに、政府には機密性が高いお金は必要だと思うが、一定期間が経過したら、国民に公開すべきものであろう。

それどころか、2023年末に自民党安倍派（清和政策研究会）のパーティーをめぐる事件で裏金づくりが発覚した（本書**1項**）。「安倍派5人衆」の一人、松野博一元官房長官も裏金を受け取っており、更迭《こうてつ》が予測される事態となった。こういう場合、次の人が官房長官として手腕を発揮できるように、官房機密費は次の人に残してあげるのが常識ある大人の対応だが、松野さんは、疑惑が大きく報道された12月1日に官房機密費9660万円を「政策推進費」に振り分け、松野氏自身が管理する金庫へ現金で移していた。後任の林芳正官房長官が引き継いだ際、金庫に残っていたのは現金5000万円で、更迭されるまでの2週間に4660万円を自分自身に支出していたことになる。何かありますな、これは。

2018（平成30）年からの5年間で派閥から還流を受けた1051万円を政治資金収支報告書に記載していなかった松野さんは、官房長官在任中（2021年10月〜2023

年12月）に27億4600万円余りの機密費を支出していた。毎日330万円を領収書なしで使い、やめる直前に4600万円も急いで使う必要性は一体あったのだろうか。

政治活動は本来公益活動なのだ！　日本の政治家の行動を見ていると、本筋が消えて、私的利益のために活動しているように見えてしまうのは情けない限りである。

10　公約か賄賂か

「ご隠居、日本の愛知県岡崎市が大変でっせ」

「あの『市民1人5万円』の公約で当選した市長がいるところか」

「そうですよ。あの市長は議会の少数野党の支持で立候補し、あの公約で当選しちゃったもんだから、議会与党が反発」

「それじゃ、予算案が通らんじゃろ」

「通らんどころか、市長の方があきらめて一律給付ではない案を言い出して大混乱。市民の中には5万円欲しいから入れたのに、公約違反だとの批判も出ちゃってる」

「市長が議会少数派だったから表面化したが、議会多数派で予算が通ればそれでいいのかの〜」

「そこなんで。買収とどう違うんでしょう?」

「自分に投票することを条件に利益供与すると買収。自分に投票したか否かに関わりなく、政策として利益供与するのが公約かの〜」

「だけど、選挙民は給付が欲しいから投票するし、他方、金を渡しておいても実際に投票したかは分からない。どっちもどっちじゃないですか」

「しかし、それを言い出したら、政府与党の減税やバラマキ公約がすべて買収になってしまうぞ」

「与党議員からは選挙直前の5万円給付案が出てまっせ。給付直後の投票なんて、買収でぇ」

「選挙民が目先の利益に走り、判断力を失い、羞恥心《しゅうちしん》まで売り渡すときに買収が成功し、選挙民の売羞《ばいしゅう》になるんじゃ〜」

(2020・11・12)

「ご隠居、なんていうか、名古屋はもう終わりじゃないですかね」

「ん、名古屋は元々尾張じゃ」

「そういうことじゃなくて、市長選挙のことですぜ。立候補した有力候補のお二人がね……」

「あのリコール騒動を引き起こした河村たかしさんと彼を批判しているよこい利明さんか」

「河村さんは『減税』というポピュリスト的政策で当選し、今度のリコール騒動では政治家としての資質も問われてる。だから、よこいさんが正面から政策で戦うかと思ったら、公約の一番目がコロナ対策としての、全市民に2万円の商品券配布だそうです」

「それを知った河村氏はスマホの電子決済サービスの利用による買い物で2万円のポイント還元だからの〜」

「でしょう。なんか税金バラマキ合戦ですぜ」

「本来市長は市民の税金を有効に使うことによって、1人1人では実現できない公共目的を実現し、市民生活を豊かにするのがお仕事だ。だから、信頼に基づき税を拠出してもらう立場だが、お二人とも政策に自信がないので、皆さんに税金を返します、という草野球政治しかできないわけだ」
「草野球政治？　プロじゃねえ、という意味？」
「ほれ、幸福の黄色いハンカチで高倉健が武田鉄矢に言っておったろ」
「古すぎてわかんね！」
「ミットもねえ」

（2021・4・15）

コロナ禍で給付金が具体化したこともあって、市長選挙などでも、公約として1人5万円給付などというものが打ち出され、そうした公約をした人が当選し、その後議会で公約の実現を否定される、という事態が各地でいろいろ起きた。

前者のコラムは、市長としての政策を実行するならともかく、市長選挙などで堂々と主張されると、公約というよりは買収ではないか、という疑問をコラム化したものである。

愛知県岡崎市の中根康浩市長が当選した2020（令和2）年10月の市長選での「1人5万円還元」の公約については、市民が愛知県警に告発状を提出するなどの騒動が生じたりしていた。2021年4月には丸亀市の市長選の公約で「全市民への現金10万円支給」を掲げて当選した人も出ている。

こうした動きが名古屋市長選挙にまで現れてきたので、警鐘の意味で、後者のコラムで「草野球政治」と題して書いておいた。コロナ禍の生活は人々の心を相当蝕《むしば》んだようにも思う。

11 首相の息子たち

「ウイッ！　飲めない酒でも飲まなきゃやってられねぇよ。こら息子、なんてドジを踏むんだ」

「すまねぇ、おやじ。まさか張り込まれていて、録音までされているとは……ウイッ！」

「せっかく、お前を大臣秘書官に抜擢《ばってき》して、その後今の会社に就職させたのに、なんてざまだ！」

「しかしね、おやじ、なんでばれたんです？　だいぶ反感を持たれていたんじゃ？

酒でも飲んで手懐《てなず》けておきゃいいのに、強引にやったんだ」

「バカモン！　官僚なんぞは、人事で一発だ。一人飛ばせば、他の連中は萎縮する。

ウイッ」

「でも、しっぺ返しを食らっちゃったわけだ。もう俺も終《しま》いだ〜」

「わしだって、危ない。お前次の選挙にわしの代わりに出る準備をしろ」

「エ〜、ウイッ、おやじは世襲反対では？」

「それは建前。後援会の民主的で透明な議論の結果、自分になったということにして
出るんだ。世襲政治を無くすために自ら世襲になるヒーローだ、ウイッ！」

「え〜？？　ウイッ」

「なんだ、お前、2人に、あれ、3人にも見えるぞ。別人格かと思ったら、別の生き
物と違うか？　こんな奴に電波を渡すわけにはいかねえ！」

「冗談じゃねぇ、さっきからテレビ画像がグルグル回って何をやっているのか見えね
え！　こんなスカみてぇな電波、もらってもしょうがねぇや！」（2021・2・25）

政治に世襲制度が蔓延《まんえん》する我が国では、首相の息子たちがその能力を見事に見せつけてくれている。菅元首相と岸田前首相のケースで確認してみよう。

菅元首相の長男・正剛氏が、現職の総務省幹部らを接待漬けにしていたことが週刊誌で暴露されたのが2021（令和3）年2月。接待を受けたのが、菅氏が総務大臣就任以来目をかけてきたと言われる官僚たちで、正剛氏は映像制作などの事業を手がける東北新社の趣味・エンタメコミュニティ統括部長として接待していたわけである。しかも、総務省は電波法に基づき放送の許認可を行っており、同省幹部が衛星放送を手がける会社の社長らから接待を受けた事実が認定されれば、国家公務員倫理規程違反で懲戒処分《ちょうかいしょぶん》の対象となる関係だったのである。

これが発覚したため、接待を受けた官僚の多くは処分を受け、中心的な官僚は更迭《こうてつ》され、その後辞職している。接待費も高かったが、その代償も高かったことになる。

息子さん本人も東北新社から処分を受けている。

息子さんが総務省幹部と知り合えたのは、父親が総務大臣の時に、「大臣政務秘書官」という公的ポストに就いたからである。このポストの給与はもちろん税金である。

「ご隠居、から っ岸田め首相、ますますおかしくなっちゃってますぜ」

「今度はなにをしでかしたんじゃい？」

「自分の息子を首相秘書官に採用しちゃったんですよ。政務担当首相秘書官だって」

「2人いる政務担当の1人が首席秘書官で、政策判断に重要な役割を果たしておる。もう1人の秘書官を自分の事務所に戻して、息子を新たに秘書官にしたのじゃな」

「息子は税金で官邸のお仕事体験ってわけだ」

「ふみお君、今度は福田康夫元首相のマネをしたのじゃの〜」

「あの首相も自分の息子を首相秘書官に？」

「その子がその後国会議員になり、自民党の総務会長にもなった。旧統一教会との関係も『何が問題か分からない』と珍答をしたお方じゃ」

「そんな奴ばっかり」

「徳川末期に欧米からの使節団が来て『日本人は文化的にも経済的にも程度は高いが、政治的には無能』と評価したそうだ。最大の理由が世襲制による政治の幼稚さ」

「それが今でも続き、ふみお君は首相になれたから、もう次の4代目の襲名披露を税金使って堂々とやるってことか。情けねぇ」
「世襲政治家の周りには、それで潤う世襲選挙民が多数いるから非常にたちが悪いの～」
「世襲世襲で首相が代わり、後に残るは……」
「腐臭だけかな」

（2022・10・13）

岸田前首相の息子も負けていない。2023（令和5）年6月の週刊誌で暴露された公邸での友人たちとの写真には驚かされた。親戚一同とともに2022年末に首相公邸で忘年会を開き、その際、親戚同士で大臣のように振る舞ったり、総理の演説台でポーズを決めるなどの大ハシャギをしていたからである。公邸は自分の家、次は自分がなるという意味だったのであろう。

さすがに、マスコミ等からも厳しく批判され、息子さんは6月1日付で辞職になった。いずれにせよ、この襲名披露は大失敗だったようである。

でも、翔太郎君、こんなことでめげてはいけないよ。まず、選挙民も世間もすぐに忘れてくれる。世襲に有利な現在の制度のもとでは、あなたを支持し、一緒に甘い汁を吸いたいと考える人たちがいっぱい出てくるはずだ。だから、必ずや父親の後を継いで、当選を重ね、与党の大物議員として君臨することになると思うよ。世襲に甘い、日本の選挙民は君の味方だと思うよ。

12 学問の自由と税金

私たち日本人は、今から74年前に戦争のない良い社会を作ろうと決意し、そのための運営資金として、税金を自分たちの所得から拠出することも決めた。

そして、戦争や時の権力を疑問視する研究が弾圧されて、悲惨な戦争に突入したことを反省し、明治憲法にはなかった学問の自由を憲法に明記した。学問研究は常にその時々の通説・常識への挑戦なので、時の権力から好まれないことが多いからである。政府に都合の良い学問だけに税金を支出したり、逆に都合の悪い学問には税金の支出が止められることのないように、私たちは政府に命じたのだ。研究者が学問を自由にできるような仕組みを作り、そこに税金を使い、多様な研究を通じて日本社会の未来の可能性を広げよ、と。

「国から税金をもらうんだから、政府の任命は当たり前！」

いやいや、税金を出しているのは私たち国民全員だ。時の政府は国民の全部が支持しているわけでもないし、研究の本当の価値も分からない。一時の政権担当者の好みで日本の未来が左右されてはたまらない。

それどころか、現政府は、「桜を見る会」問題をはじめ税金の私物化を加速し、意図的に税金の誤用を繰り返している。学問研究を私物化させるために税金を拠出しているのではない。税の私物化と誤用を改めよ！　それもできぬなら、御用だ！

（2020・10・15）


「ご隠居、ずいぶんお怒りのご様子で？」

「おお、八っつあん、怒っているなんてもんじゃない。予想通り、相当狡猾《こうかつ》な男が首相になってしまったようだ」

「あの、学術会議会員の任命拒否の件ですか」

「そうじゃ〜、こっそりバサッと切り、後は、マスコミなどに言質を与えないように沈黙する」

「パンケーキで記者との懇親会なんてのはやったようですよ」

「ちゃんと説明せずに、オフレコでしっぽを振ってついてきた連中にだけ本音を少し漏らすんじゃないかの。ついて行く連中も情けない」

「理由がはっきり分かんないと議論のしようがねえですよ」

「そうじゃ。その間に菅の寵愛《ちょうあい》を受けたい連中が、日本学術会議批判などをして、論点をずらす」

「な〜るほど」

「菅は法の支配などと言うが、法の世界では、行政が行う不利益処分には理由付記が必要になっている。2013（平成25）年からはすべての課税処分に理由付記が必要になっておるんじゃぞ！」

「ほう、そりゃすげえ」

「税務調査でけんかになって、怒った勢いで課税したくなっても、理由を書かねばならないとなると、そこで冷静になれるからの〜。だから、権力者による処分には理由付記が必要なんだ」

「ところが、菅政権は理由を知られるとまずいので変えたんだ、不記に！」

（2020・10・8）

不利益な処分をするときは理由の付記が必要だ。処分を受けた人が争うべきか判断するためにも、処分理由が分からなければどうしようもないからだ。税金の世界では長い間、帳簿をつけている青色申告者に対する処分には理由が付されてきたが、帳簿などをつけていない白色申告者や相続税の申告者などに対しては理由も付さないまま不利益な更正処分がなされてきた。ようやく政権交代ができて、民主党が政権を取ったときに、この点が見直され、不利益な課税処分をするときには、その理由を書かねばならないことになり、日本も法治国家として恥ずかしくない体裁が整ったことになる。

これに対して、学術会議の任命拒否の問題では、拒否理由が一貫して公表されず、権限を持っている者の判断が適正だったのか分からないままにされてしまった（後者のコラム）。理由を付したら、権力者が学問の自由を踏みにじっていることが明らかにされてしまうからである。

この学問の自由と税金の関係も重要である。時の権力者の好みで私たちの税金が恣意的に使われては困る、ということを前者のコラムで示しておいた。

13 減税すれば税収が増える？

税率を下げれば景気が良くなりかえって税収が増える。だから税率引き下げで税収を増やすべきだ。また、税率を引き下げると富裕層が稼ぎだす。彼らの儲《もう》けがどんどん増え出すと、さすがにポケットに入りきれず、こぼれ落ちる。そのお金が庶民に回り始め、結局庶民も豊かになるのだ。こう言われると、なんかそうかもしれないという気になってくる。

こういう主張で、それまでの累進課税制度をフラット化し、税率引き下げを行ったのがアメリカのレーガン税制であった。その政策の中枢を担ったのが、アーサー・ラッファー博士だ。過去の人だと思っていたら、久しぶりにその名前を聞いた。なんと、第一次トランプ政権でも中枢を担っており、大統領が、彼に大統領自由勲章を授与するというのだ。

彼の理論に基づいてなされたレーガン税制改革は見事に失敗した。減税でも税収が増えたのは一般的好況のためで、税率を下げなければもっと税収が上がっていたし、富裕者はより儲かるとさらにより大きなポケットに貯め込んでしまった。その結果、貧富の格差が拡大し、財政赤字が膨らんだからだ。

その学者を重用している。減税による格差拡大を望んでいるのか？

まさか、理論は正しかったので、間違っているのは現実だ、なんて考えだとすると、ラッファブル（＝笑える）どころか、怖い。

（2019・6・6）


このラッファー理論は、累進税率を否定する論者たちからもてはやされたが、結局、格差を拡大するだけだった。すっかり影を潜めたと思っていたら、トランプが重用していた。

資本主義社会はほっておけば資本を持っている者が、そうでない者以上に富を増やせる社会であることをトマ・ピケティの『21世紀の資本』（みすず書房、2014年）が証明した。だから、単に経済成長を目指すだけだと社会の富の格差はますます広がる。それを防いできたのが、実は税制だったことも彼は証明したのである。

経済成長を図りつつ、その人の負担能力に応じて税収を集め、その税収を公正に使っていくことが、社会を安定的に発展させるためには必要不可欠なのである。しかし、そのためには高額所得者に適用される税率が高くなる超過累進税率などの仕組み（本書**38項**、**39項**参照）を再整備しなければならないが、それが実現できるかはいろいろと難問がありそうである。

というのは、超過累進税率が可能だったのは、第一次・第二次世界大戦による大量の戦死者の存在があったからである。庶民の家庭は、家族から犠牲者を出したのだが、富裕層はいろいろ賄賂《わいろ》を出して家族の徴兵を逃れていたからである。戦後それが庶民に知られて、庶民は血の負担（兵役のこと。これが血税の本来の意味である。本書**68項**）を強いられたのだから、それを逃げた富裕層はせめて金銭の負担ぐらいしろ、という政治的意見が超過累進税率を可能にしたのだ（シーヴ／スタサヴェージ『金持ち課税』みすず書房、2018年）。今の一般庶民に、富裕層に対する激しい怒りがあるのだろうか？

14
安易な減税

「ご隠居、春らしくなってきたのに、相変わらず渋い顔。どうなすったんで？」

「いや、2022年春のスリランカの騒動の原因を調べていたんじゃよ。同じ島国だから気になってのう」

「スリランカ？ 確かに同じ島国ですが、何か？」

「暴動が起きておる。生活必需品が不足し、物価は高騰、外貨不足で燃料を輸入できず、1日13時間の計画停電になっておる」

「そりゃたまらねえや。一体どうして？」

「元々この国は慢性的な財政赤字で、一時増税路線をとったんだが、2019年の選挙後、新大統領が大幅な減税路線を打ち出したんじゃ。消費税なども15％から12％に下げ、免税点も拡大した。そのため、この税収が半減したようだ」

「そりゃ、政治家の人気取りですぜ？」

「確かに。兄弟3人で、大統領、首相、財務大臣を務めるというおかしな政治だ。そこにコロナの大打撃。燃料が買えなくなったようだ」

「13時間も停電されたら、手術もできねえ」

「政府はあわてて、またまた中国から借りる。しかし、借金のかたに港を取られた過去もある」

「人気取りの安易な減税政策が混乱の原因だったわけだ。安易な増税も困るが、安易な減税も考えもん、ってこった」

「国民に必要なのは、減税より、税を厳しく見る目、厳税の視点かの〜」

（2022・4・7）


このコラム執筆後、スリランカでは大規模な抗議デモが広がり、最大都市コロンボではデモ隊の一部が大統領の公邸を占拠する事態になり、事前に公邸を出ていた大統領は軍用機で家族とともにモルディブに脱出し、その後、シンガポールに向かい、議長に辞表を提出したそうだ。

経済危機に陥ったスリランカの債務問題の解決に向けて、日本をはじめとした債権国は、返済期限の延期や金利の引き下げといった条件の変更に応じることで、スリランカ政府と基本合意したのが2023年11月だった。

選挙を意識すると、政治家はすぐに減税を口に出し、人気取りに走るが、国民としては、誰にどのように減税し、他方で誰にどのように増税するのかを冷静に見極めていく必要があることは、各国共通と言えそうである。

第二章

災害と税

15
災害と防災予算

元日の午後、大津市で仕事をしていたら激しい揺れを長時間感じた。これはもう大地震があったに違いないと思った。揺れが収まってから慌ててテレビを見る。能登地方の大地震だった。

能登といったら、2023（令和5）年5月5日にも奥能登地震があり、珠洲市では全壊した家屋が40棟もあり、6月後半にようやく16棟の仮設住宅が完成したばかりではないか。

今回の地震では珠洲市だけでも住宅全壊は1000棟にのぼるとされているので、仮設住宅の必要数なども桁違いになるのではないだろうか。

仮設住宅については、かつては上限額や面積等にいろいろ制約があったが、近年は実態に合わせられるように柔軟になってきたようだ。とはいえ仮設であること、利用期間制限があること、取り壊すことなどのコストを考えると、民間賃貸住宅等をもっと活用した方が被災者の救済には効果的との声もあるようだ。

　僕ら日本人は、常に地震災害と隣り合わせで住んでいる。しかし、地震に対する予知は、いまだに期待できそうもない。被災された能登の人々は明日のわれわれでもあるのだ。能登の人々が、一刻も早く平凡な日常を取り戻せるように公的援助を惜しんではならない。

　そのために、僕らは税金を国や自治体に預けているのだから！（2024・1・4）

　読者の皆さんは、わが国にも防災大臣がいたことをご存じだろうか。能登半島地震の発生当時は松村祥史大臣だ。かつては、前原誠司氏や河野太郎氏も就任したことがあるので、それなりに役割があるはずなのだが、今回の地震が発生して以来、マスコミは首相の発言ばかり追っている。

　それも無理もないかもしれない。松村大臣は、内閣府の特命大臣として防災と海洋政策を担当するだけではなく、国家公安委員会委員長でもあり、さらには、国土強靭《こくどきょうじん》化《か》担当大臣、領土問題担当大臣でもあるからだ。昨年末の記者会見では、大陸棚問題や自転車の青切符という警察行政の問題で意見を求められていた。だから、やることが多すぎて防災に専念するわけにはいかないのだろう。

そもそも安倍内閣の時に作られた国土強靭化と防災とはどう違うのだろう。内閣府によると「防災」は地震や洪水等の特定のリスク毎《ごと》に立てられる計画で、「強靭化」の方はあらゆるリスクを見据えつつ、どんなことが起ころうとも最悪な事態にならないようにする施策のことのようだ。「防災」でなぜいけないのか不明だ。

防災関係の財政支出のデータを見ると、内閣府のHPにはなんと2001（平成13）年までのしかなく、防災白書で確認すると、一般会計の中での比率が落ち続け、特に削った翌年に不思議なことに大災害が発生。神の啓示か。

防災を国政の柱の一つにする政府がほしい。

（2024・1・11）

2024（令和6）年元日に起きた能登半島地震は、被災した人々を本稿執筆時（10月）においてもなお苦しめている。さらに、同年4月3日に発生した台湾東部沖地震と被災者への救済活動の実際が知らされるにつけ、日本の災害対策の遅れのようなものを感じ、情けなく思える。

図　防災予算の推移（出典：各省庁資料より内閣府作成）

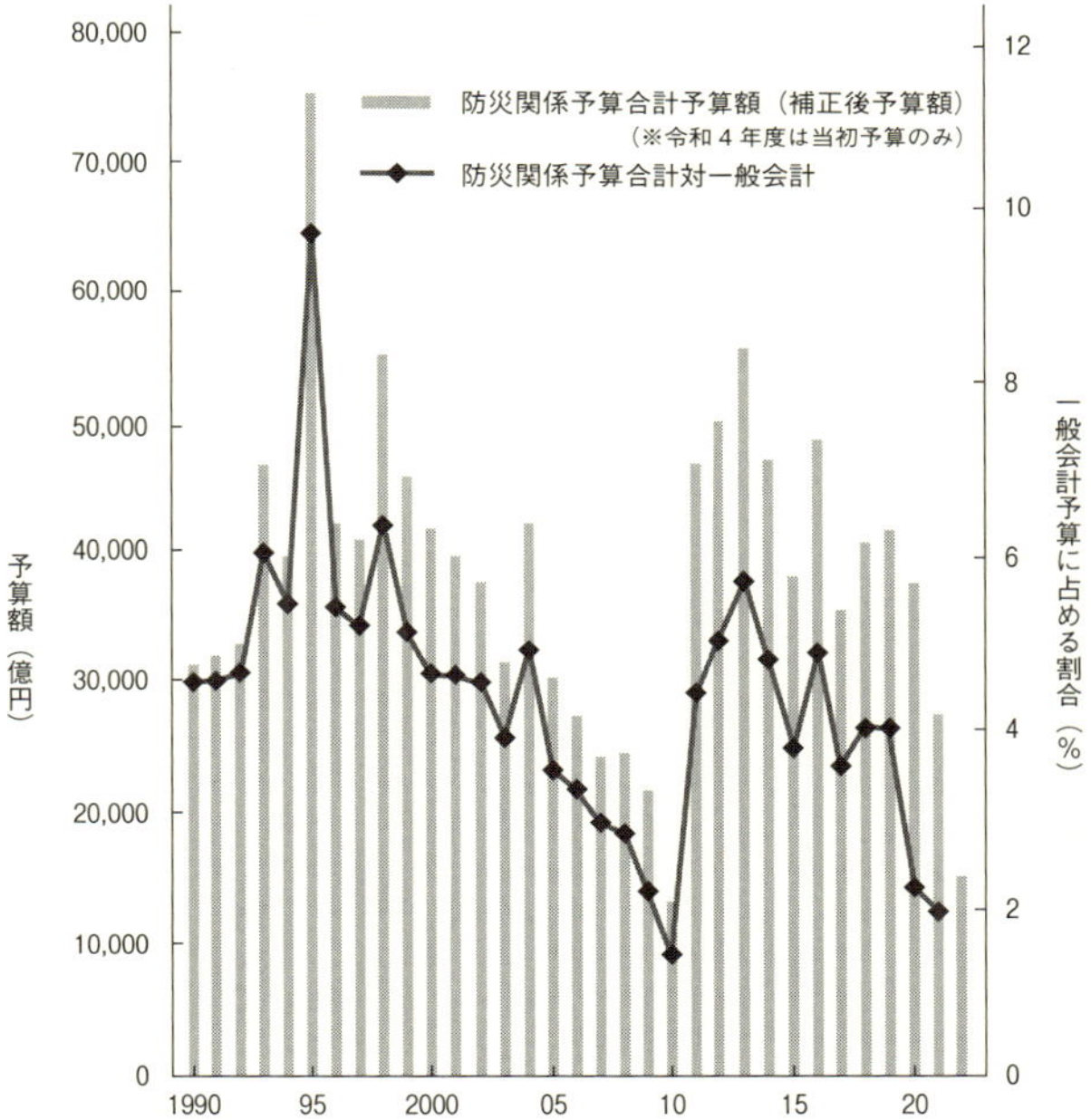

防災関係の予算の推移を見てみよう（図）。

これを見ると、一般会計の予算の中に占める防災関係予算の比率は下がり続けている。著しく下がった翌年に不思議と大災害が起こり、一旦予算が引き上げられるが、その後また下がり、そこに大規模災害が起こるということの繰り返しだ。防災予算はその防災措置が功を奏して災害を未然に防いでも、あまり評価されない。皆気づかないからだ。防災にもっと比重を置いた予算を組めるようにしなければならない。そういう思いを込めて書いたのが前者のコラム。

後者のコラムは、これほど災害が多く、防災が必要なのに、大臣の名前が一向に出て来ない現状とその背景を論じた。防災行政がいかに軽んじられているかが分かる。

日本の災害救助法の思想は自助努力が原則だが、公助を中心とした体系に見直す必要があるのではないか。

16 所得税——能登の申告

「ご隠居、能登の人たちはまだまだ確定申告どころじゃありませんぜ」

「そうだの～。だから、国税庁も申告期限の自動延長措置を決めておる」

「永久延期ってのはねえんですかね～」

「被災した人の多くは被災額の方が大きすぎて、所得もマイナスなのではないかの～。ただ、そのためには一つ手当てをしなければならず、それを心配していたが、202

4（令和6）年2月21日に国会で全会一致で可決されたのでホッとしておる」

「一体何です？」

「今申告しなけりゃならないのは、昨年1年間の所得だ。困ったことにあの地震は今年の1月1日だった。そうすると、あの地震による損害を反映した所得計算は来年の申告で行い、今年の申告ではできないわけだ」

「へえ〜、そりゃ大変なことになっちまう」

「そこで、1月1日の地震による損害を2023（令和5）年の計算に入れることを選択できる特例法が成立したんだ」

「そりゃ、助かる」

「だが、まだ中途半端じゃ。地震の被害が所得よりも大きくマイナスになった場合には、翌年の所得からも引けるのだが、他の控除額を引いてからではなく被害額を最初に引くため、翌年引ける額が少なくなるんじゃ」

「そんな難しい話にはついていけませ〜ん。ともあれ、能登の人は日常が戻ってからの申告で、地震の被害額も反映できるってことですね！」

（2024・2・29）

2024（令和6）年の2月になると、令和5年度の所得についての申告が始まる。申告義務のある所得を得ているのに申告をしないと、加算税が課されるだけではなく、仮装・隠蔽《いんぺい》なども疑われてしまう。しかし、能登地方の人々にそんなことを言うわけにはいかないことは誰でも分かるはずだ。

国税庁も令和6年1月12日に早速、申告期限などの延長を決めた。さらに、国会でもこの点は素早く全会一致で、「令和6年能登半島地震災害の被災者に係る所得税法及び災害被害者に対する租税の減免、徴収猶予等に関する法律の臨時特例に関する法律案」が可決され、コラムに書いたように、令和6年1月1日の地震によって生じた損害を、令和5年の損害として申告することが可能になったのである。

この点は良いのだが、最後に書いた計算順序の問題は字数の関係もあり、コラムではうまく説明できなかったので、ここで少し詳しく解説しておきたい。

能登半島地震で自宅などの被害を受けた納税者は、その損害額を自分の所得額と相殺できるが、損害額の方が多い場合、つまり、令和5年度の所得がマイナスになる場合が考えられる。その場合、残されたマイナス分は翌年の所得額からも控除できる。能登半島地震は「特定非常災害」に指定されているので、通常の3年ではなく、5年間繰り越せることになる。この配慮はそれなりに手厚いものだが、現在の雑損控除という制度では、所得から真っ先に引く制度と規定されているのだ。

〈雑損控除と医療費控除、社会保険料控除、小規模企業共済等掛金控除、生命保険料控除、地震保険料控除、寄附金控除、障害者控除、寡婦控除、ひとり親控除、勤労学生控除、配偶者控除、配偶者特別控除、扶養控除又は基礎控除とを行う場合には、まず雑損控除を行うものとする。〉（所得税法第87条）

この効果を具体的に見てみよう。あなたが、令和5年の総所得金額300万円、震災による被害額500万円、医療費控除などのその他の控除額が200万円あったとする。令和5年度は300－500＝マイナス200となり、あなたは翌年の所得から200万円を引けるが、翌年も300万円の所得だとすると、200万円をそこから引いて終わりである。

もしこれを、雑損控除の額を一番最後に引くように改めると、令和5年度は300－200－500＝マイナス400になる。翌年も同じような所得や控除額だとすると、300－200－400＝マイナス300になり、さらに翌年からも控除できることになるわけだ。災害の被害額を真っ先に控除して、できるだけその影響を長引かせないようにしているのが現行の制度なのである。東日本大震災（2011・平成23年）の時に被害者の申告に関わった税理士さんたちから、雑損控除を一番最後にする改革を求める声は出たものの、今回も考慮されていない。ここが残念なところである。

17 消費税のゼロ税率

「ご隠居、野党が能登半島地震の被災者のために被災者生活再建支援金をこれまでの最高300万円から600万円に倍増する改正案を提出したとか」

「わしは、当然だと思っておるよ。政府も少しは責任を感じて被災者を公的に援助すべきじゃ。さらに言えば、能登地方は今後10年間消費税0%特区にすべきじゃ」

「えっ、そんな構想があるんで？」

「いや、最近のEU消費税の動向を見ていて、思いついただけじゃ」

「EU？」

「消費税には非課税という制度があるのだが、これは実はあまりありがたくないのだ。確かに売上げに消費税がかからんが、仕入れに含まれている消費税を戻してもらうことができないのだ。これに対して、税率を0にしてもらうと、売上げに0％課税されるので、仕入れに含まれていた消費税分を戻してもらえるのだ。しかし、これを認めると税収がぐっと減ってしまうのでEUはこれまで輸出以外は禁じてきた。ところが、2022年の改正から認めだしたのだよ。そこで、日本では被災地を0（ゼロ）％特区にしてはどうかと思ったのだ」
「てえと、あっしらが能登地方に出かけて、大量に消費してくると？」
「消費税がないうえに、能登の業者さんは他地域の業者から仕入れたときにかかった消費税を戻してもらえるのだ。どうだ、応援しようじゃないか」（2024・2・1）

能登の地震はかなり前から危険性が指摘されていたのに、本格的な対策を怠ってきた結果とも言える。そこで、能登地方を思い切って消費税ゼロ％特区にしてはと書いてみた。

非課税ではなく、ゼロ％である。この二つは決定的に違うのだが、よく理解されてこなかったために、うっかり非課税の方を要求して、そのために困っているところもある。

たとえば、日本医師会は消費税が導入されるときに、次のように非課税を要求した。

〈昭和62年10月9日　医療に関する税制に関する意見（日本医師会）

一　税制全般にわたる抜本的な見直しが行われるにあたり、一般的な消費に対する課税が行われる場合には、国民の生命・健康を守る上で、必要不可欠な医療・医薬品等については、課税対象から除外することを要望します。

高齢化社会に対応する税制改革が、国民の理解と信頼に裏付けられて確立されねばなりませんが、国民生活にも大きな影響が及ばざるを得ません。そのため保健・医療・福祉等は、特別に政策的配慮がされるべきであり、医療・医療用医薬品・医療用具等を非課税とするよう強く要望します。〉（傍線引用者）

その甲斐あって、社会保険医療などが非課税になったが、その後、医師会はこのために苦しむことになるのである。

なぜなら、消費税における非課税というのは、その人の売上げには課税しない、というものだが、その代わり、その人が仕入れの時に負担した消費税も返しませんよ、というものだからである。分かりやすい例を挙げると、昨年9０００万円の仕入れがあって、売上げが1億だった人は消費税の導入により仕入れが9９００万円になり、売上げは非課税ということで値上げできなかったとしよう。非課税なので、消費税はかからないが、売上げから仕入れを引いた儲けはわずか１００万円だ。人件費などを考えると当然に赤字になるのである。

そのため、2010(平成22)年には、兵庫県民間病院協会会員の4法人が国を相手に損害賠償請求の訴えを起こしたりもしてきた。最初の勘違いがとんでもない事態を生み出してきたわけだ。

今、医師会は病院には非課税をやめて軽減税率の適用を求めている。その方が良いからだ。一応納税義務を負うので、仕入れにかかった消費税分は控除できるからである。8%の軽減税率だとすると、先ほどの1億円の売上げに消費税800万円がかかるが、仕入れにかかった消費税の10%の900万円は控除可能になり、差額の100万円は戻してもらえるからである。

軽減税率の方が非課税より良いことになる。さらに、軽減税率よりも、0%の納税義務を負った方が良いのである。売上げに0%の消費税がかかることになるが、ゼロはゼロなので、仕入れの消費税分の900万円が戻るのである。イギリスなどはこのゼロ税率を食料品に適用したために、食料品業者に還付するため、税収が著しく落ちたと言われており、そのためEUでは、もう原則としてゼロ税率は輸出以外には採用しないこととされてきた。輸出する業者は基本的に大企業なので、大企業向けの特例としての色彩が強いものとなっていた。

ところが、そのＥＵも２０２２年の規則改正で、ゼロ税率を再び認め始めた。パンデミックの事態に直面して、各国の事情を優先しようということだと思われる。

輸出以外にもゼロ税率を考えることが可能なら、我が国の場合は、まず被災地にゼロ税率特区を設けてはどうだろうか。能登地方などを10年間特区と指定する。消費者が能登に買い物に出かけて大量に消費しても消費税はかからない。さらに、能登地方の業者さんも他の地域の業者から仕入れた時にかかっていた消費税を還付してもらえることになる。能登地方の消費者も業者も共に負担が軽くなる。能登の再興を考えれば、こういう応援の仕方もあるのではないだろうか。

18 寸借詐欺——復興特別税から森林環境税へ

ビアスの有名な『悪魔の辞典』にも「税金」の項目はない。悪魔ですら皮肉れないほど酷《ひど》いものだが、解説なしでは理解されないからだろう。

【復興特別税】

寸借詐欺の一種

★悪魔の恐ろしい解説

東日本大震災からの復興のための財源として創設された税。復興特別法人税、復興特別所得税、個人住民税の割増の3種類あり、税額は法人税額の10％、所得税額の2・1％、住民税は1000円となっていた。税額に税率が適用されるのでそれほど高くなく、所得税の場合は、平均2000円程度である。大震災の復興のためといわれたら誰も反対できない。優しい国民はけなげにも助け合いのつもりで今も負担している。

しかし、適用期間は法人税3年、個人所得税25年、個人住民税10年とバラバラであった。しかも、安倍政権が誕生すると、すぐに法人の負担は前倒しで廃止された。残った個人は、その後も復興のために払い続け、10年で終わるはずの住民税の割増は、いつのまにか森林環境税と名称が変えられ、これからも払い続けねばならない。どれだけの人が知っているのだろう。今度は復興所得税だ。税制改正で半分は防衛費増強に充てられ、支払期間もさらに延長。

善意で与えると、いい気になって取り続けていく。せこい詐欺師《さぎし》が行うと寸借詐欺になり、国家が行うと税制改正になる。

（2022・12・22）

これはコメント不要だろう。災害の助け合いのためという名目で課税して、期限が来ると、廃止をせずに、別の名前で取り始める、ということが公然と行われているのである。また、額も小さいので、国民も気づかないまま負担し続けていくのである。日本の納税者は税金難民で、何も知らずに税を負担させられ、議員たちも声を上げない。彼らも税の素人だからだ。

19

23兆円の感謝と地域の再建

「ご隠居、珠洲市原発騒動の記事を読まれました？　反対してくれた住民のおかげで、原発事故の再来が防げたんですね」

「推進してきた政府や電力会社からの反省や謝罪の言葉はないの」

「まあ、今は被災からの復旧が先だから」

「住民が反対してくれたおかげで、もっと大変な原発災害が防止され、少なく見積もって23兆円の財政支出がなくて済むようになったんだ」

「23兆円って？」

「福島原発によってこれまでに生じた費用などだ。珠洲市の高屋町に原発を造っていたら、もっと大変なことになっていた。他方で、反対したために市の予算は火の車状態だったの〜。珠洲市や能登町の財政力指数は0・2クラスだった」

「市町に必要な財源のうち、独自の収入は5分の1ぐらいってこと？」

「そうじゃ。珠洲市独自の税収14億円程度では、災害に強い街づくり等は夢物語だからの〜」

「だったら、23兆円の半分くらい能登地方の再建財源として渡し、住民や自治体の希望する街づくりに使ってもらったらどうですかね」

「そのとおり！　災害救助法制は自助努力が原則だが、発想を公助に切り替え、災害予防最優先国家になるべきじゃ」

「脱原発宣言も！」

「無理だの。与党は原発関係の金なしに政治をするじしんがない」（2024・1・25）

2024（令和6）年1月1日の能登半島地震では原発建設予定地であった珠洲市高屋地区も大きな被害が現実に起きた。もし、原発が建っていたらと想像すると、その被害は想像を絶する。住民の多くが反対してくれたおかげで、もっと大変な原発災害が防止され、少なく見積もって23兆円の財政支出がなくて済むようになったともいえそうだ。23兆円というのは、福島原発によってこれまでに生じた国の費用などだ。

他方で原発問題は地域住民に深刻な亀裂を生み出してきた。

〈原発をめぐり28年間、市民を推進、反対に二分してきた後遺症も残る。反対派住民の組織「珠洲原発反対ネットワーク」も「珠洲原発反対連絡協議会」も近く、「役割を終えた」として解散する方向だが、ネットワークのメンバーの元校長樫田準一郎さん（73）は「地域振興づくりから反原発住民は外されている。表彰や民生委員の選任なども差別されている」と話す。〉（「朝日新聞」2005年1月10日）

それだけではない。反対したために珠洲市の予算は火の車状態だった。珠洲市の財政力指数は0・2クラスだった。必要な財源のうち、独自の収入はその5分の1程度で、最も財政力が弱い自治体の一つにとどまっていたからである。独自の税収では災害に強い街づくりなどは夢物語だったのである。これに対して、同じ石川県内で志賀原発（北陸電力）を建てた地域の自治体には様々な補助金や給付金が支給され、財政力指数で言えば0・6を維持していた。

そうであれば、これまで耐えて、国民の財政支出を少なくても23兆円以上削減してくれたお礼として、珠洲市を中心とする被災自治体に数兆円の財源を国家は提供すべきではないか。

くり返しとなるが、従来、被災者支援は自助努力を原則として、その補完的なものでしかなかった。だから仮設住宅なども本当に粗末なものが多かったが、徐々に実態とあまりにもかけ離れている災害救助法制が見直されて、支援金の額なども増えてきている。

私たちが払う税金は、私たちが被災したときに被災者のために使われて良いのではないか。明日は我が身だ。能登地方で原発に反対してくれてみんなを助けた人たちが被災するという不条理。そうでなかった人たちも共に被災した。被災した人たちに新しい街づくりを委ね、そこに私たちの税金が使われるなら、納税者として納得できるのだ。

20 シロアリ培養予算

「予想通りの事態じゃ。もう話にならん」

「おや、ご隠居、ご機嫌斜め。どうしやした？」

「コロナ予算の予備費じゃよ。シロアリ培養液になってしまった」

「シロアリ？」

「ほれ、東日本大震災の復興予算の時、被災地のために使う予算が、全く関係のないものに使われている実態が暴かれたことがあっただろう（福場ひとみ『国家のシロアリ』小学館、2013年）。ずいぶん話題になって、政府も反省のポーズをとってきたが、コロナ対策の12兆円もの莫大《ばくだい》な予備費計上でも心配されていたことじゃ」

「使い道がでたらめ？」

「でたらめかどうかも分からんようじゃ。日経新聞が先日調べた結果を発表しているが、12兆円のうち、最終的な用途が判明したのが、6・5％の8000億円程度だ」

「そりゃ、ひでえ」

「そこに、今度の予算編成では物価高への緊急対策費として予備費をさらに拡大するという」

「予備費の乱発状態ってことだ」

「柔軟に対策をとるために、予備費の計上自体は必要だろうが、その代わり、使い道の詳細な報告を議会や国民にすべきじゃ。会計検査院からも既に1兆円余りの不用額が指摘されているが、誰も責任をとっておらん」

「そのツケは庶民への増税！　ご隠居、怒りの一言が必要ですぜ！」

「こら、予算の予備費依存は、もうよさんか！」


（2022・4・28）

このコラムでこの問題を取り上げたのは次の日本経済新聞の記事である。

〈コロナ予備費12兆円、使途9割追えず　透明性課題

政府が新型コロナウイルス対応へ用意した「コロナ予備費」と呼ばれる予算の使い方の不透明感がぬぐえない。国会に使い道を報告した12兆円余りを日本経済新聞が分析すると、最終的な用途を正確に特定できたのは6・5％の8千億円強にとどまった。9割以上は具体的にどう使われたか追いきれない。国

会審議を経ず、巨費をずさんに扱う実態が見えてきた。〉（「日本経済新聞」2022年4月23日）

東日本大震災の時のデタラメさが、再現されてしまっているようだ。12兆円をおおまかに分類すると、医療・検疫体制確保向けの4兆円、次いで地方創生臨時交付金として地方に配られた3・8兆円だ。この交付金は名称からしても怪しい。コロナ問題とこじつけて公用車や遊具を購入するなど、さまざまな怪しい事例が指摘されている。

通常の予算は、特定の政策を目的にした歳出を細かく積み上げて予算案をつくり、国会審議を経て出費できるようになるが、予備費は別だ。金額だけあらかじめ計上しておき、政府の閣議だけで使い道を決められるので、非常に使いやすい。しかも、各省庁の細かい予算に振り分けられるので、その実態はほとんどつかめない。会計検査院が、きちんとチェックして、本当にコロナ対策に使われたのか、その必要があったのかを、その後に分かりやすく示し、不正な支出をした者の責任を問うような仕組みもない。

税制もよく分からないようにされた上に、その使い道もよく分からないようにされている日本国民というのは、主権者なんだろうか？

第三章

所得税・法人税

21
103万円の〝本当の〟壁

「ご隠居、国民民主さんの103万円の壁撤廃を若者が支持したようで」

「かつては配偶者のパート収入の問題で、1987（昭和62）年の配偶者特別控除で一応解消していたが、どうやら若者の給与収入が103万円を超えると税金がかかることや、扶養控除の対象から外れることの問題のようだ」

「ご隠居は、賛成なんですかい？」

「賛成もなにも、この問題は、分かりやすくいえば基礎控除の問題なのじゃよ。1995（平成7）年にようやく38万円に引き上げられたが、その後も実質は変わっていない。2020（令和2）年に48万円に引き上げたが、給与所得控除を10万円引き下げたから、給与所得者は30年以上も据え置かれていたのじゃ。その結果もう隠せなくなっているのじゃ」

「おや、何が？」

「2000（平成12）年の財務省の資料では日米英仏独5カ国の課税最低限の比較で日本が一番高い国にされておった。外国にはない給与所得控除を入れたうさんくさいものだったがの〜。今ではそれを入れても……」

「下がっちゃった？」

「下がったどころか、最下位じゃよ」

「え〜〜」

「個人の課税最低限の引き上げを放置してきたからじゃ。単身者の場合は英米独の約半分、仏の約四分の一にまで下がっているのじゃよ」

「そんなに低い収入から課税！　情けねぇ〜」

（2024・11・7）


103万円の壁というのは、かつて配偶者控除の問題としてしばしば取り上げられてきたが、それはパート主婦が収入103万円を少しでも超えると、夫の配偶者控除が適用できなくなるため、夫の税金が増えて、夫婦の手取りがかえって減ってしまう逆転現象のことであった。この問題は配偶者特別控除を入れることで基本的に解消した。パート主婦は103万円を超えても、配偶者控除はなくなるが、それに変わる配偶者特別控除というのが適用されるようになり、夫婦の手取りは増えていくようになったからである。

したがって、国民民主党の103万円の壁というのは、専門家の間では、意味がよく理解できなかったが、扶養控除の対象となっている若者が103万円のアルバイト収入があると扶養控除から外れてしまう問題等を指していることが見えてきた。確かに一つの問題ではあるが、このような若者にもっと働けというのがよいのか、働かなくとも勉学に専念できるような環境を形成していくことの方が大事なのかは悩ましい。

与党の少数化の事態を受けて、野党の主張も議論せざるをえなくなり、103万円の壁などが議論されだしたのは、望ましいことである。しかし、この問題の本質は基礎控除の問題なのである。健康で文化的な最低限の生活を憲法が保障しているので、健康で文化的な最低限の生活費に相当する所得金額には課税してはならないのであり、その趣旨で設けられているのが基礎控除である。

この基礎控除は戦後4800円から始まり、物価などを考慮して毎年徐々に引き上げられてきたが、1995（平成7）年に38万円まで引き上げられたものの、その後変わっていないことが問題だったのである。確かに2020（令和2）年に48万円に引き上げられたが、給与所得控除額が10万円引き下げられたために、サラリーマンは、実質30年間変わ

表　収入金額と給与所得控除額（出典：国税庁サイトより）

給与等の収入金額 （給与所得の源泉徴収票の支払金額）	給与所得控除額
1,625,000円まで	550,000円
1,625,001円から 1,800,000円まで	収入金額×40%－100,000円
1,800,001円から 3,600,000円まで	収入金額×30%＋80,000円
3,600,001円から 6,600,000円まで	収入金額×20%＋440,000円
6,600,001円から 8,500,000円まで	収入金額×10%＋1,100,000円
8,500,001円以上	1,950,000円（上限）

らず据え置かれてきたのである。サラリーマンの給与所得控除というのは、サラリーマンに必要経費の実額を控除させないための代替措置として設けられており、上の表のように収入に応じて変化していくものである。

最低でも55万円は保証されているので、それに48万円の基礎控除を足すと103万円となり、ここまでは所得税がかからないことになる。だから103万円と言うよりは、48万円の基礎控除が据え置かれ続けてきたために生じた問題とも言える。

このことは次の二つの図を比較するとよく見えてくる。次ページ上の図は、2000（平成12）年の課税最低限の国際比較である。

財務省はこのような場合に給与所得者を例に出す。事業所得者だと38万円がもろに出てしまうので、給与所得控除という外国にはない独自の控除を持っている日本の給与所得者を

図　2000（平成12）年の課税最低限の国際比較。単位：万円（出典：財務省サイトより）

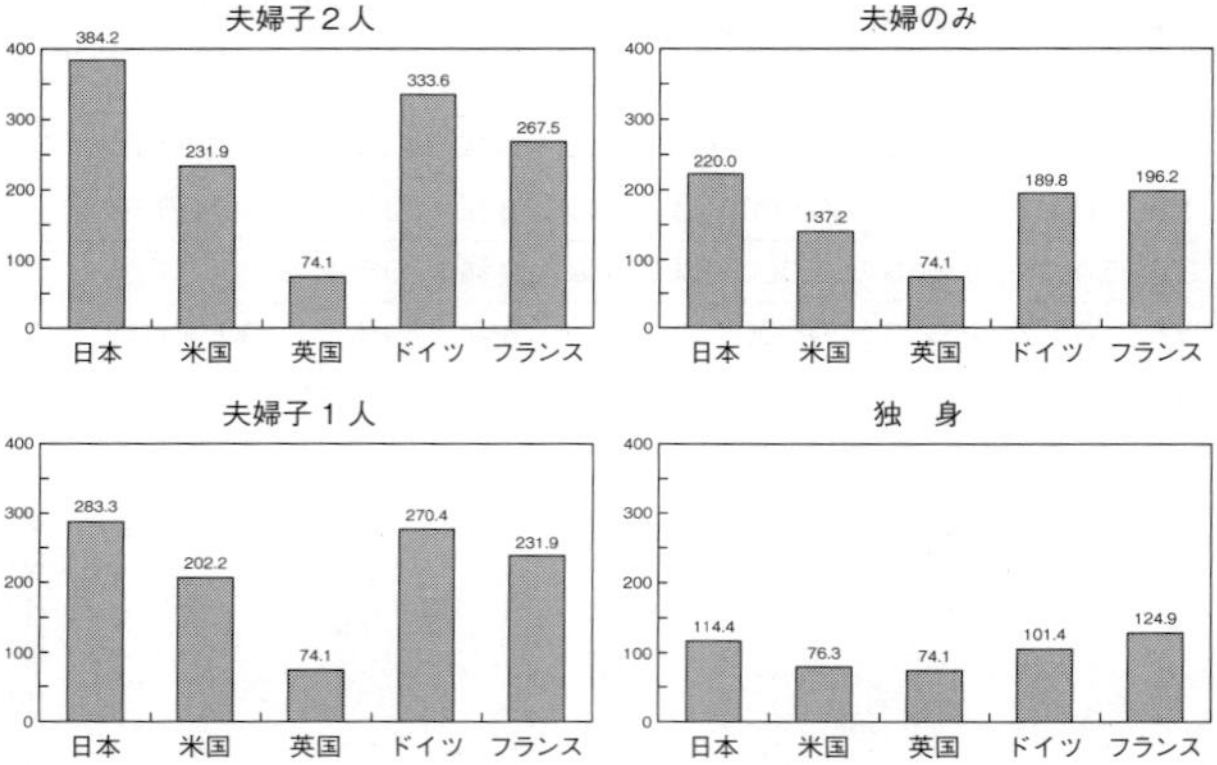

（備考）諸外国は平成12年1月現在の税法に基づく。換算レートは1ドル＝106円、1ポンド＝169円、1マルク＝52円、1フラン＝16円。

図　2024（令和6）年の課税最低限の国際比較。単位：万円（出典：財務省サイトより）

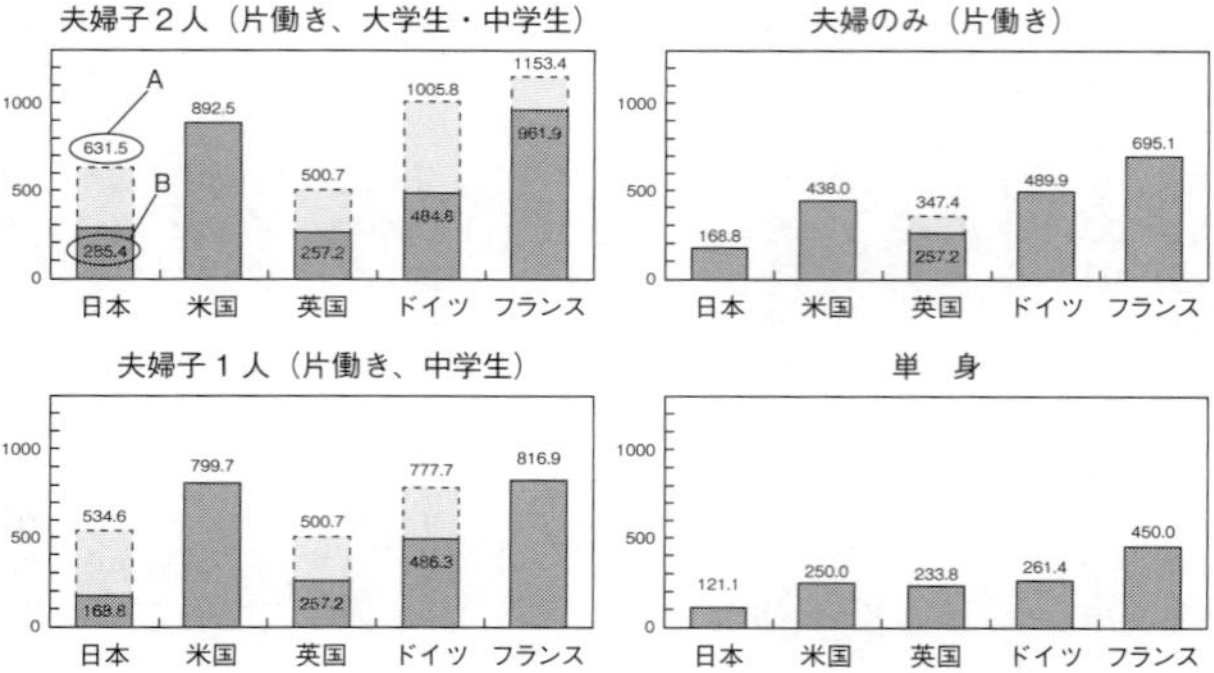

（備考）図中Aは、実質的に負担額が生じ始める収入。図中Bは、所得税の課税最低限。換算レートは1ドル＝150円、1ポンド＝186円、1ユーロ＝162円。端数は四捨五入している。

出せば高く見えるからである。その結果は、ご覧の通り（前ページ上の図）、5カ国の中で一番高かった。

その後、2024（令和6）年まで、基礎控除についてはそのまま据え置いてきた。他方、諸外国はこの間も基礎控除の見直しは毎年のように行ってきた。その結果どうなってしまったかを示しているのが前ページ下の図である。

もう給与所得控除を含めても、5カ国の中で最低になってしまったのである。議論しなければならないのは、この点なのである。

基礎控除を見直すべきなのか、その場合、現行の所得控除方式で良いのか（その場合、高所得者の減税額が高くなる、という問題がある）、税額控除にすべきなのか、あるいはその他の方式があるか、さらには毎年一定の基準に従って修正していくべきなのか、等々、検討すべき課題が色々あり、こういうことこそ与党も野党も考えてほしいものである。

そういう期待を野党にしているが、与野党の権力闘争が始まり、いろいろなリーク情報が出回ってきたので、野党党首は脇を固めて、庶民のために適正な主張をしてほしいという思いから、次のコラムも書いておいた。

「ご隠居、少数与党が野党と連携しなけりゃいけねえんで、いろいろ検討しているようですが、今後を占うポイントは何なんでしょうね？」

「ずばり、企業献金を禁止するかどうかだ」

「ああ、あの政党交付金をもらう時にやめますと言ってたはずなのに、今でももらっている奴」

「そうじゃ、この機会に企業献金をきっぱり廃止して、野党と連携を図るべきだの」

「でも、自民党内には積極的支持者がいないみたいですね。野党は？」

「立憲民主党さんは政治改革の本丸と位置づけて、廃止に向けて野党の共闘を呼びかけている」

「おお、それが筋ですよ。他の野党も同調しているんでしょうね？」

「それがの〜、国民民主さんは慎重論のようだ。大企業の労組の支援を受けているからかの」

「それじゃ、企業献金維持で自民と連携？」

「いや、それだと選挙民に顔向けできんので、現行の上限を下げるような規制を求めるようじゃ」

「おお〜、さすが、与党が真剣に連携を考えたくなる柔軟なご対応」

「野党か与党か分からない、つまり類別がはっきりしないことを漢字の本来の意味で言うとどうなると思う？」

「はて？」

「高島俊男先生の著作『お言葉ですが…』によると、種類や同類のことを『倫』といい、そうでないことを『不倫』というそうな」

（2024・11・14）

22
賭け麻雀《マージャン》

余人を以て代えがたい黒川元東京高検検事長は賭けマージャンの常習犯だった。週刊誌報道を受けてあわてて辞職したが、懲戒処分でなく訓告だけ。職業倫理もないいいかげんな男だったのかと唖然《あぜん》とするが、だからこそ権力の御用聞きを平然とこなせたのだろう。

賭けマージャンで儲けたら税金はどうなるのだろう。違法だから税金はかからない？　昔は議論があったが、1965（昭和40）年の所得税法改正で違法所得も所得として課税されることが明確になっている。では、何所得なんだろう？　たまたま誘われた真剣勝負の賭けマージャンだったら、偶然性が高いので一時所得でしょうね。その場合は50万円の控除額があるので、たぶん課税される所得が出てこないだろう。

しかし、黒川氏の場合は常習で、接待でもあったようだ。すると雑所得になるだろう。儲けを生み出すための必要経費もなさそうなので、収入金額がそのまま所得金額だろう。給与所得について年末調整されているとはいえ、20万円以上あれば申告義務がある。仮にそれ以下だとしても住民税の申告義務はある。申告していたのだろうか？

こういう人がなぜ重用されたのか、謎は膨らむ。架空口座の預金を横領し、銀行を脅した女性行員とおなじ手帖《てちょう》を持っていたのだろうか？　そう、あの「黒革の手帖」（松本清張著）である。

（2020・5・28）

「ご隠居、あの黒川元検事長が略式起訴だとか」

「そうだの、検察審査会のおかげでここまでようやく来たの〜」

「最初、検察は不起訴にしやがった。まあ、確かにみんなやっているからとも言えますが、しかし、検察官の元締がやったら示しがつかねぇ」

「そうじゃ、だから、検察審査会が起訴相当の議決をしたわけじゃ」

「そこで、検察も起訴。で、略式ってのは？」

「非公開の書面だけで判断される。100万円以下の罰金や科料が科されるような軽微な事件について適用される手続きじゃ」

「まあ、確かに賭けマージャンですからね。本人も同意してるんですか」

「そりゃ、当然だ。もし嫌と言えば正規の裁判になってしまうからの〜」

「でも、これで有罪の罰金刑となると、あの高額退職金もパーになっちゃうんじゃねえですか？」

「それが大丈夫なんじゃ。法律上は、禁錮以上の刑に処せられなければ返納義務はないからの〜」

「な〜んだ。略式起訴に同意するわけだ」

「しかも、彼の本当の問題は、賭けマージャンではない。安倍政権の手足となって検察が本来やるべきことを行わなかった疑いが濃い。その問題は不問のままだ。だから、わしの気分は、黒川氏が愛犬である黒犬のしっぽをなでなでしてるのを眺めている状態なんじゃ」

「??」

「おもしろくないのじゃ」


（2021・3・18）

あの黒川氏に関する話題を二つ。前者のコラムでは、賭けマージャンが違法であっても、儲けた分は所得になることを取り上げた。税法からすると、違法であっても現実に手にしていれば所得として申告しなければならないことになっているので、この分を申告していなければ脱税の可能性が出てくるし、脱税額がいくらなのかも問題となるのである。ギャンブルについては、所得税は伝統的に一時所得として扱ってきた。だから、収入金額から必要な経費を引けるわけではなく、収入を得るために直接要した金額しか引けないのである。

このことが特に話題となったのは、インターネット競馬の事件だった。競馬の自動購入ソフトを使い、総額28億円余りの馬券を繰り返し購入して30億円の収入を得ていた場合、雑所得なら外れ馬券を含む28億円を必要経費として引けることになるが、一時所得だとすると、当たり馬券代（約1億円としておこう）しか引けないので、29億円もの所得があったことになり、実際に得られた2億円の利益以上の税額を払わなければならなくなるのである。検察側は「当たり馬券」の購入費だけを経費として認め、高額な脱税額を主張したが、最高裁はこの人の一連の行為は、継続的行為であるとし、雑所得になるので必要経費として外れ馬券代も含めて控除できるとして脱税額を減らしている。

ギャンブルの場合はこの点が常に問題になるのでご用心。

なお、黒川さんについては後者のコラムで書いた略式起訴で決着というのも問題だ。通常の裁判になれば、新聞記者とマージャンをする必要があった理由や検察による捜査情報のリークの有無などがいろいろ検討されることになるが、略式起訴にしておけば、公開の法廷は開かれず、罰金を納めて終了できる。罰金は20万円だったようで、受け取る退職金5900万円からすれば微々たるものである。検察も黒川氏も、これで臭いものに蓋をすることができたのである。忘れないでおこう。

23 カジノ税制

「ご隠居、年末恒例の税制改正でっせ」

「先週の報道だと、カジノ税制などをまだ導入したがっておる。情けない限りじゃ」

「え〜、あのカジノですか。不正汚職の連発でもうカジノ自体が終わったんじゃ？」

「わしもそう思っておったが、カジノで儲《もう》かっても、訪日外国人は所得税非課税とするそうじゃ」

「外国人さん、いらっしゃ〜い、ってわけだ。ところで、あっしみたいな日本人がやると？」

「一時所得だな。競馬などと同じじゃ」

「てえことは？」

「八っつあんはたぶんやり出すとハマるね。毎日のように入り浸り、次々に負けて借金だらけ。あ〜もう9億円も負けちゃっている。これで負けたら首をつろうと思ってやったのが、なんと10億円の大当たり！」

「そうこなくっちゃ、いや〜、ドラマですね」

「そうじゃ、八っつぁんは借金も返し、儲けた1億円で優雅な暮らし」

「へへへ」

「と思ったら、所得税や住民税。普通の所得なら負けた賭け金も控除できるが一時所得はできない。だから、1億円しか得していないのに、税金が3億円ぐらいになるかの〜。ドラマじゃの〜」

「ご隠居、そんな殺生な。ひどすぎまっせ。一体あっしはどうすりゃいいんで？」

「カジノに行かなければいいんじゃよ」


（2020・12・10）


「ご隠居、どうしたんで、何かご心配でも？」

「横浜市長が帯状疱疹《たいじょうほうしん》になったというのを聞いてな、かわいそうになったんじゃ」

「それって何です？」

「体の一部が帯状にヘルペスになるんじゃ」

「何です、そりゃ？」

「八っつあんは経験ないのか。そりゃ幸せだの〜。かつて美智子さまも2005（平成17）年頃になられたようだ。ヘルペスは、体調が悪かったり、ストレスがたまると口の周りなどにできるんじゃ」

「痛いんで？」

「もう、めちゃくちゃに痛い。このヘルペスが体の一部に帯状に発生するのが帯状疱疹だ。もうたまらんぞ、痛くて、痛くて。極度のストレスから来るんじゃ」

「まさか、ストレスとは無縁のご隠居も？」

「わしは誠実に生きておる。だからストレスの塊じゃぞ！　自慢じゃないが、わしも経験はある」

「それで、同情を」

「そうじゃ。横浜市は例のIR（カジノを含む統合型リゾート）事業をめぐって揉《も》めておる。野党は住民投票を求めたが、自民・公明はそれに反対し否決しておる」

「え、IRをまだやりたがっているんですかい」

「そうじゃ。で、市長は板挟みで超ストレス」

「どうなるんで？」

「わしなら、市民に言うな。ＩＲについては病名どおりですと」

「？？」

「退場の方針です、と」

（２０２１・１・14）


政治家で政策能力のない人が真っ先にあげるのがカジノ導入だとかねてから感じていた。２０２０（令和２）年の税制改正で、このカジノを導入するための税制の整備、要するに、カジノにわざわざ来る外国人に対する非課税措置の導入が話題になった。ただ、与党内にも慎重論があったようで、これが具体化したのは、このコラムを書いてから３年後の２０２３（令和５）年の税制改正だ。

〈非居住者のカジノ所得の非課税制度の創設

非居住者（次に掲げる者のいずれかに該当するものを除く。）の令和9年1月1日から令和13年12月31日までの間のカジノ所得については、所得税を課さない。

（1）特定複合観光施設区域整備法の規定により入場料等を賦課《ふか》するものとされている者
（2）特定複合観光施設区域整備法の規定によりカジノ行為を行ってはならないこととされている者

（注）上記の「カジノ所得」とは、カジノ行為（特定複合観光施設区域整備法の規定によるカジノ事業の免許に係るカジノ行為区画で行うその免許に係る種類及び方法のカジノ行為（同法の規定による設置運営事業の停止の命令等に違反して行われたものを除く。）に限る。）の勝金に係る一時所得をいう。〉

対象から外されたのは、（1）国内居住者で、入場料3000円を賦課される人たちと、（2）次に掲げる人たちである。

〈①二十歳未満の者、②暴力団員、③入場料未納付者、④本邦内に住居を有しない外国人以外の者であって、カジノ施設に一定回数以上すでにきている常習者等〉

優遇されるのが、令和9年から13年（2027年から2031年）に限定されているのが気になるが、多分13年頃には延長されるのだろう。令和9年からもう始めることを決めているようである。その露払いに万博を誘致し、盛大に盛り上げてからカジノに移行したかった大阪市は、すでに万博で躓《つまず》き、莫大な金を注ぎ込み、国民や市民の税金を無駄使いしている。無駄使いをやめて能登半島地震の復旧にお金を回せという庶民の声を無視し続けている。カジノの開催前にギャンブルに失敗しているようだ。

カジノに関連して横浜でも動きがあったとき後者のコラムを書いた。その後の市長選挙でカジノに反対していた山中氏が当選し、横浜は撤退した。良かった、良かった。

24
賃上げと金融税制

「ご隠居、岸田首相は賃上げ税制を税制改正の目玉にしましたぜ」

「相当意気込んでいるようじゃの。しかし、本来やろうとしたことを引っ込めて、前からある賃上げ税制の控除率を上げただけじゃ」

「賃上げ税制って？」

「企業が給与等の支給額を前期より3％以上増やしたら、増やした額の一定割合を法人税額から控除する制度で、今回控除割合を最大30％に引き上げた。経済界に3％の賃上げを要求したら、あっさり断られたので、税で誘導しようということかの」

「効果ありやすか？」

「疑問視する声が強い。これまで企業の5％しか利用してこなかったし、そもそも企業の6割は赤字だ。大企業の給料だけ上がり、格差がますます広がるかもしれんの～」

「岸田さんが本来やりたかったことは？」

「不労所得なのに優遇されてきた金融所得課税の見直しだった。所得が1億円を超えると税負担率がかえって下がるのが今の税制だ。この不公正を正さなきゃ」

「ああ、確かそんなこと言ってましたね。ところが、言ったとたんに株価が下がったのであわてて先送りしちゃった」

「そこが問題じゃ。正そうとすれば、優遇を受けている連中からの抵抗は当然。先送りで市場の株は安定したかもしれんが、大問題も生じたぞ」

「？？」

「彼の株が下がった」

（2021・12・16）


「ご隠居、与党が賃上げ税制をさらに拡充するみたいですぜ」

「そうじゃの。2021（令和3）年度改正で適用法人数が伸び、控除額も5000億円を超えて、これまでの2倍以上になっている。だから、財務省は警戒して、要件を緩和しすぎて減収額が大きくなりすぎたと牽制球《けんせいきゅう》を投げておる」

「どういう要件だったんで？」

「大企業の場合は雇用者の給与等支給額が前年より4％以上増えると増加額の最大30％を法人税額から引いてもらえる。中小企業の場合は、2・5％以上の増加で、その増加額の最大40％だ」

「一体どんな企業が適用されているんで？」

「民主党政権の時、2010（平成22）年にこういう特例の効果を透明化するための法律ができ、報告書が公表されておる。担当副大臣は企業名も出したかったが、民主党内の反対から、業種別のデータになった。今見られるのは今度の賃上げ税制改正前のものだが、一番高額の控除を受けた企業は32億円だ。大企業がどうしても有利になるな。中小企業は350万社のうち、13万社しか適用していない」

「中小企業は6割が赤字ですからね〜」

「そこで、黒字になった年度にまで繰り越せるよう改正するかも。しかし、賃上げ税制が必要なのは従業員の給料だけかの？　他にも長いこと上がっていないものがいろいろあるからの〜」

「おや、例えば？」

「コラムの原稿料！」（2023・11・23）

2021（令和3）年9月の自民党総裁選では、立候補者4人のうち、3人が金融所得課税の強化に言及した。もっとも声高に主張していたのが岸田文雄氏（当時の肩書きは前政調会長）で、「中間層の拡大に向けて分配機能を強化し、所得を引き上げる」とぶち上げ、その財源の一つとして「金融所得課税の見直しなど『1億円の壁』打破」だと言っていたので、期待してしまった。

1億円の壁というのは、所得税の負担割合が1億円を超えると減っていく問題である。利子配当所得が総合課税の対象にならずに、富裕者が多く取得する配当所得や株の譲渡益に対する税負担が著しく軽いことが大きな原因だった。これらの所得は不労性の所得だから、所得の性格論からしたら、勤労所得などよりは重くて当然なのである。

しかし、彼が首相になると、株市場がこの点を警戒して下がったため、慌てて首相は改革を先送りにしてしまった。これには筆者もびっくりしてしまった。金融課税を適正化すると言えば、株が下がるのは当然で、それを踏まえた上での長期的戦略があるからこそ主張していたと思ったのだが、全くそういう視点がなく、ただの受け狙いだったとしか言いようがない。このやり方がその後岸田前首相の政策全体にはついて回った。

なお、賃上げ税制については、令和3年の見直しが効果があったようで、適用企業がかなり増えてきた。中小零細企業で働く人たちの賃上げにつながることを期待して後者のコラムを書いたが、期待通りになっているか、今のところ見えてはいない。

25 N分N乗?

「ご隠居、N分N乗って何です?」

「ああ、あれは所得税を計算する際、日本のように個人毎《ごと》の計算ではなく、家族単位で計算する仕組みじゃ。夫が片稼ぎで800万円の所得があり、夫婦と子供4人の家族の場合、家族数Nは4になる(子供はそれぞれ0・5人分とするので合計4)。800万円を4人で稼いだとするから、1人200万円だ。この低い所得の税額をN=4倍するわけじゃ。結果、超過累進税率の影響で800万円の税額と比べるとすごく安くなる。他方、大人4人が働き、200万円ずつ稼いでいる家庭の負担は変わらないことになる」

「てえことは、片稼ぎで、所得の多い家庭が恩恵を多く受ける？」

「そうじゃ。少子化を脱したフランスの古い制度で、国会で盛り上がっておるようだが、何で今さら、と言いたくなるの」

「おや、ご隠居は反対なんですか？」

「この方式よりは、子供1人当たりの税額控除をする方がいいし、さらには直接手当を支給する方がより庶民に有利で、効果的なんだ。政府が自らの『愚か者』さに気づいて手当を厚くして支給しようとしているときに、手当の一層の充実を求めず、富裕層に減税効果の大きい仕組みを入れて、財源を減らそうとするのか、わけが分からん」

「てえと、少子化対策としては？」

「笑止千万じゃの」


（2023・2・9）

少子化対策が大きな話題になり、子育て世帯に対する給付などが論議されたら急に国会でN分N乗方式が注目され、次のように報道された。

表　主要国における配偶者の存在を考慮した税制上の仕組み

	日　本	米　国	英国	ドイツ	フランス
配偶者の存在を考慮した税制上の仕組み	配偶者（特別）控除（最大38万円）	夫婦単位課税（実質的な二分二乗方式）の選択	婚姻控除（最大23万円）	夫婦単位課税（二分二乗方式）の選択	世帯単位課税（N分N乗方式）
課税単位	個人単位課税	個人単位課税と夫婦単位課税（実質的な二分二乗方式）の選択制	個人単位課税	個人単位課税と夫婦単位課税（二分二乗方式）の選択制	世帯単位課税（N分N乗方式）

（備考）邦貨換算レートは、1ポンド＝186円（裁定外国為替相場：令和6年（2024年）1月中適用）。なお、端数は四捨五入している。

〈今国会では、自民党の茂木敏充幹事長が1月25日の衆院代表質問で取り上げ「画期的な税制」と絶賛。日本維新の会の馬場伸幸代表も「導入すべきだ」と主張し、国民民主党の玉木雄一郎代表も採用検討を訴えた。立憲民主党の安住淳国対委員長も「検討に値する」と評価する。〉（「東京新聞」2023年2月4日）

いやはや大変な人気になったものであるが、所得税の世界では昔から議論されている課税単位の一種である。所得税を課すときに、人々のどのような生活単位を軸に課税したら良いかという問題だ。

日本は個人単位である。夫、妻、子供がそれぞれ稼いでいたら、それぞれが課税されるわけである。仮に夫600万、妻200万、子供200万円の所得があると仮定すると、それぞれがそれぞれに税率を適用されて納税義務を負うわけである。

これに対して、欧米は夫婦単位を選択できる国が多い。財務省の上の表を見てほしい。

アメリカ、ドイツなどでは、夫婦単位を選択することができるのである。先ほどの例だとこの夫婦は2人で800万円を稼いでいることになるから、1人では400万円を稼いだことになる。この400万円の場合の所得税額を計算して、それを2倍した額を夫婦の負担とするわけだ。合計額を2で割って、その結果を2倍するから二分二乗方式と言う。

さらにフランスは世帯単位になっている。子供の所得も加えて、家族の所得を計算すると1000万円となる。これを3人で稼いだと考えても良いし、フランスのように、子供は0・5とすると、2・5人で1000万円を稼いだわけだから、1人400万円稼いだことになり、この場合は400万円の場合の税額を2・5倍して世帯で負担するという考え方になる。超過累進税率の影響で個人単位の場合よりも税負担は少なくなるわけだ。

なお、個人単位の場合も人間はひとりで生活しているわけではないので夫が稼ぎ、妻が子育てに専念している場合に、妻の健康で文化的な生活費は夫の所得から出しているので、妻の基礎控除を夫の所得から配偶者控除として引く必要があるし、子供の基礎控除なども扶養控除として引いていくことになる。日本の所得税は個人単位だが家族を無視しているわけではないことに留意してほしい。

26 寡婦控除からひとり親控除へ

税にも金にも色はない。色をつけるのは我々だ。2018（平成30）年末の税制改正は自民党と公明党の迷走で幕を閉じた。寡婦控除《かふこうじょ》を未婚のひとり親に適用することに、家族制度を維持したい自民党や法律婚主義の所得税法を維持したい財務省は反対だ。しかし、支持者に今年は入れると約束した公明党の面子《めんつ》もある。結局、住民税だけに適用する折衷案で手を打った。

現行の所得税法は、様々な控除制度を設けているが、配偶者控除や、扶養控除などの人的控除は、法律上の親族にしか認めていない。最高裁も法律の解釈としては法律婚に限定されているし、違憲とはいえないとしている。だから、この状態を変えたいなら法律自体を変えなければならない。税で一番大事な負担能力という観点からすれば、女性ひとりで子育てをする場合、結婚経験の有無で、大変さが変わるわけではない。だから、変えれば良いだけの話である。税務署の事実確認が難しくなる問題はあるが、法律婚主義から解放されるべきだろう。
だが、所詮《しょせん》「所得控除」。所得のある人しか効果はない。本当に必要なのは、このような世帯に対する適切な財政支援だ。税は市民社会を支え合うためのもの。使い方次第で社会は暖かい色に染まる。
（2019・1・3）

1951（昭和26）年の改正で就業の困難さなどを理由に寡婦控除が設けられた。一般に寡婦とは法律婚をした上で、夫と死別した未亡人を意味していたが、税法上は、扶養親族を抱えている人に限定されていた。しかし、1972（昭和47）年の改正で、死別している未亡人であれば、扶養親族がいなくとも適用可能にした。1951年の改正時に扶養されていた子供たちも大きくなったので、扶養親族がいなくても配慮すべきだ、ということかもしれない。その後、なぜ女性にだけ認めるのだ、逆差別ではないかという声も出てきて、シングルファーザーにも適用すべく、1981（昭和56）年から「寡夫控除」も創設された。

しかし、世の中ではシングルマザーの存在がますます増え、この人たちの子育てと就業の困難さは明らかだ。そこで、なぜ法律婚に限定するのだ、という批判が出てきた。とこ

表　「ひとり親」と「寡婦」の控除額の違い

ひとり親　控除額 35 万円 ○生計を一にする子：いる ○本人の所得の見積額が 500 万円以下で、下記のいずれかに該当する 1. 配偶者と死別・離婚した後、婚姻していない方 2. 婚姻歴のない方 3. 配偶者の生死が明らかでない方

寡婦　控除額 27 万円 ●扶養する子：なし ●下記の 1 または 2 のどちらかに該当し、かつ、本人の所得の見積額が 500 万円以下である 1. 以下の（1）・（2）のどちらかに該当し、扶養親族（子以外）のいる方 （1）夫と死別・離婚した後、婚姻していない方 （2）夫の生死が明らかでない方 2. 以下の（1）・（2）のどちらかに該当し、扶養親族のいない方 （1）夫と死別した後、婚姻していない方 （2）夫の生死が明らかでない方

ろが、伝統的な家族主義を尊重したい自民党保守派と、事実婚主義が入ってくると配偶者控除や扶養控除などにも影響を与えかねないことを恐れる財務省が強く反対。その結果、コラムのような中途半端な改正にとどまった。

ただ、2020（令和2）年の改正で「ひとり親控除」がようやく新設され、寡夫もその中に吸収され、「親」ではない寡婦、つまり扶養する親族のない寡婦には、従来通り寡婦控除が適用されることになった（表参照）。

念のため「ひとり親」の定義を見てみよう（所得税法第2条第31号）。

〈31　ひとり親　現に婚姻をしていない者又は配偶者の生死の明らかでない者で政令で定めるもののうち、次に掲げる要件を満たすものをいう。

イ　その者と生計を一にする子で政令で定めるものを有すること。
ロ　合計所得金額が五百万円以下であること。
ハ　その者と事実上婚姻関係と同様の事情にあると認められる者として財務省令で定めるものがいないこと。〉（傍線引用者）

これで、ようやく納税者の人的控除の壁であった法律婚主義（つまり、法律上の婚姻関係になければダメ、事実婚による負担能力の配慮はしない、という主義）の一角が崩れたわけである。税制の前提と社会の実態が合わなくなっているのは、他にも多くありそうだ。

なお、２０２４（令和６）年度改正で、ひとり親控除の所得の制限が１０００万円まで引き上げられたうえで控除額も38万円に拡大されていることに留意いただきたい。

27　所得控除、税額控除、児童手当

安倍首相の「桜を見る会」問題の陰で、財務省は、厚生労働省の調査結果を根拠に、児童手当の廃止をある会議で提案した。２０１２（平成24）年に厚労省が実施した調

査によると、中高所得層では約30％が児童手当を「大人のお小遣いや遊興費」に使っていたからだ。

ところが、この報道を受けて、いろいろな市民がデータを調べたらすぐにおかしな点に気づき、厚労省に指摘。厚労省も2019（令和元）年11月14日、「子供の将来のための貯蓄・保険料」の項目と入れ替わっていたことを認め、訂正したのである。

この調査は、約1000万人の受給者のうちの約1万人からのインターネット回答だ。こういう調査と調査数で手当廃止の根拠にできるのかも疑問だが、優秀な（はずの）財務官僚が、市民でもすぐに気づくミスに気づかないのも不思議である。それでもめげない財務省は、高収入世帯では「使う必要がなく残っている」等の回答が多いので、見直しを求めるそうだ。

あのね、その回答欄には「（将来的に使う予定がある場合を含む）」となっているの。親の気持ちが分からないのかね。子供は社会の宝。廃止するより、手当を増やし、所得制限なしに支給し、同時に課税所得にすれば、高所得者は税として還元するから社会は公平で明るくなるし、コストも減るんだよ。明るく子育てができるように、胸に

手を当ててよく考えてね。（2019・11・21）

厚生労働省は、2019（令和元）年の11月に児童手当の使い道に関する調査結果に誤りがあったと発表した。どういう誤りかというと、年収1000万円以上の世帯の32・0％が「大人のお小遣いや遊興費」に児童手当を使っていることになっていたが、正しくは0・9％だったそうだ。

富裕層が児童手当を大人のために使っていたというのも奇妙な話だが、手当支給を減らしたい財務省は財政制度等審議会の分科会で、この誤ったデータをもとに、高収入の世帯への支給額を見直すべきだと提案していた。

所得課税の仕組みからすると、所得控除と税額控除と手当は次のような違いがある。子供の扶養にかかる費用を所得から控除する「所得控除」制度はどうしても富裕層が有利になってしまう。次ページ表のように、所得が2000万円と200万円とゼロの3世帯で比較してみよう。同じ100万円控除でも2000万円が1900万円に減る富裕層は、税率50％の部分が減るので、50万円の軽減になり、税率10％の庶民は10万円の軽減にしかならない。所得がない世帯には減るものもない、ということになる。そこで、20万円

表　所得控除の額

（単位＝万円）

所得金額	2000	200	0
所得控除	50	10	0
税額控除	20	20	0
手当	10	10	10

の税額控除にすると、富裕者も庶民も皆一律20万円税額が減る。だから、手当で出した方が公平なのであるが、税額の出ない低所得者には実益がないのである。

もちろん、必要な低所得者だけに手当を支給できるならそれがベストだが、その区分がかえって大変なときは、一律に支給し、手当を課税所得に算入して、富裕者からは税として戻してもらえば良いだけである。民主党政権の時、所得制限なしに子ども手当を導入したとき、厚労省と財務省のネゴで非課税にされてしまい、ばらまき批判を受け、自民党議員から「愚か者めが」などとも言われたが、その自民党も岸田政権の2024年10月から民主党と同じ政策をとることになっている。愚か者は誰だったのだろう。

28

オレオレ詐欺と税

オレオレ詐欺《さぎ》が依然として続いている。警察庁が発表した少年事件の情勢でも摘発数が急増しているし、被害額も年々増えている。

被害を受けた人はどうなるのだろう。犯人が捕まり、その事件の現金を持っているときは、半年後あたりに警察から戻ってくるだろう。犯人が捕まらないとき、被害額を損失として税金を減らせるのだろうか。

この種の損失は自分の生活上の損失なので、原則として控除できない。例外的に「雑損控除」に該当するときだけ、所得金額を減額できることになる。ところが、これに該当するためには、被害が「災害・盗難・横領」でなければならない。「詐欺」は該当しないのだ。横領と詐欺は紙一重だ。相手が、最初からだますつもりで金を受け取れば詐欺になるが、被害者には分からない。災害は人の努力ではどうしようもない。盗難も本人の意思に反し盗まれるのでやむをえない。

これに対して、詐欺は心に隙があるからつけ込まれるのだという。確かに、巨額の投機話に目がくらんだ人の救済は説得力に欠ける。しかし、家族のために、なけなしの貯金を出した人を同一視できるだろうか。立法的解決が必要ではないか。家族を思うあまり「平常心」を盗まれてしまった人々だからだ。

（2019・3・21）

一向に減らない各種詐欺。オレオレ詐欺、請求金詐欺、最近は、パソコンに警報音が出て、「ウイルスに乗っ取られました、至急マイクロソフトの担当者に電話しなさい」というのもあり、うっかり出ると、様々な指示をされ、高額のカードを買え、なんていうのもある。所得税法はこうした詐欺被害者には冷たい。というのは、雑損控除というのがあるが、そこには次のように規定されているからである。

〈第72条　居住者又はその者と生計を一にする配偶者その他の親族で政令で定めるものの有する資産について災害又は盗難若しくは横領による損失が生じた場合において、その年における当該損失の金額の合計額が次の各号に掲げる場合の区分に応じ当該各号に掲げる金額を超えるときは、その超える部分の金額を、その居住者のその年分の総所得金額、退職所得金額又は山林所得金額から控除する。〉（傍線引用者）

要するに救済するのは、災害、盗難、横領による被害までだ。詐欺にあったり、恐喝にあったりしたら、救済されない。自分がうっかりして紛失したものまで助けろとは言いがたいが、詐欺などの被害は対象に入れても良いのではないだろうか。もっとも詐欺と言っても、オレオレ詐欺に引っかかったおばあちゃんと、巨額投資事件に欲の皮が突っ張って被害を受けたおじいさんを同視できないかもしれない。

裁判でも悩ましい事件はある。裁判官も立法論としては救済しても良いのではないかと感じつつ、現在の規定では救済できない、と次のように判断しているのである。

〈ところで、所得税法七二条は、その資産について災害又は盗難若しくは横領による損失が生じた場合、その一定額を所得から控除することを認めているが、課税行政の明確性、公平の観点からみて、右控除の事由は限定的に規定されており、かつ、同条に定める「横領」の概念も刑法上の「横領罪」と同一のものと解するのが相当である。原告は、この点につき、横領は所有者らとの間に信頼関係に基づく委託行為が介在し、刑法上も詐欺、恐喝と区別する理由に乏しいと主張するが、損害発生をもたらす実行行為自体は、横領においては所有者の意思に関わりなく行われるのに反し、詐欺、恐喝などにおいては、瑕疵が存するとはいえ一応所有者の意思に基づいて財物の移転等が行われる点に差異が認められるので、両者を区別することに全く理由がないわけではなく（もっとも、上記所得税法七二条が災害、盗難及び横領の三事由のみに限定して雑損控除を認めることの立法論的な当否については、議論の余地があろうと思われるが、これは同条の解釈とは別問題である。)、何よりも類推ないし拡張解釈によってもたらされる課税行政の混乱を考慮すると、原告の右主張は、到底、採用することができない。〉(名古屋地裁昭和63年10月31日判決。傍線引用者)

しかし、雑損控除を導入した1950(昭和25)年当時の平均寿命は男58歳、女61・5歳であった。認知症も大きな社会問題になっている今日、老人の心の隙を突いてくる詐欺は後を絶たない。そろそろ、立法的解決が必要であろう。

29 イニエスタ選手と二重課税

サッカーのイニエスタ選手の申告漏れ報道、少しお気の毒である。

まず、イニエスタ選手は2018(平成30)年の5月下旬にヴィッセル神戸と契約を締結し、その年の7月下旬から日本でのプレーを始めた。すでに彼はスペインでその年の半分以上を過ごしていた。

スペインの個人所得税法を確認してみると、暦年中にスペイン領内に183日以上滞在していると居住者とみなされていた。したがって、彼は2018年のスペインの居住者とみなされることになる。そのため、彼が全世界で稼いだ所得はスペインで課税されることになる。2018年後半に来日した彼が、日本では非居住者であると思ったのも無理はない。

ところが、日本では住所、つまり「生活の本拠」が日本にあるかどうかで判断する。住民票の有無や何日間日本にいるかどうかではなく、あくまでも生活実態で判断するのである。彼の場合は、2018年に家族も日本に来ていたので、通常家族と一緒にいるところが生活の本拠なので、住所も日本だと国税庁は判断したようである。そこで日本とスペイン両方の居住者として、両国で彼の全世界の所得に課税されたので、両国の租税条約に基づき調整されることになろう。

家族との生活は住所判断の一大要素だが、家族一緒の移動が自然で容易な今、今後も住所判断の基準としてどこまで重視すべきかは悩ましい。（2024・3・28）

まったくイニエスタ選手にとっては災難だった。この後は、日本とスペインの租税条約に基づいて、①恒久的住居の場所、②利害関係の中心がある場所、③常用の住居の場所、④国籍の順で判定し、どちらの国の「居住者」となるかを決めていくことになる。

それにしても、日本のスポーツ球団が外国選手とこの「居住者」問題を意識しないで契約をしていたのだとしたら、大きな問題だ。イニエスタ選手以外の外国選手にも同様な問題が生じているようで、これは日本のスポーツ業界の体質改善が求められる。

どの国がその個人の全世界的所得に課税できるかを判断するための区分として、居住者を採用している国が多いが、日本のように周りが海で囲まれている国はまだいいものの、国境が陸続きの国々は大変だ。車で30分離れた隣国Bの会社で働き、日常はA国で生活している人などの問題が出てきている欧州では、どちらの国に課税権があると言えるか悩ましいからである。なお、アメリカは国籍主義を採用しているので、世界中どこで暮らしてもアメリカの税が追いかけてくる。これはこれで矛盾を生み出しており、まだ、人類は本当の解決策を見いだしていないように思われる。

30

フランスの源泉徴収

マクロン大統領は悩んだ。オランド前大統領が導入を決定したとはいえ、フランスに源泉徴収制度がなじむのか不安だったからである。

確かに源泉徴収は必要だった。そうしないとフランスの給与所得者は前年の所得が確定してから、翌年に10回に分けて課税されるという前年度課税（日本の住民税と同じ）が続き、手間暇がかかる上に、非近代的な制度としてピケティらの左派から批判され続けるからである。

他方で、フランスの所得税は家族単位、つまり、家族の所得を合算して家族数を考慮して最終税額が決まる制度である（本書**25項**）。個人単位課税である日本ですら収入と扶養親族等の数や他の給与所得の有無などで徴収する税額が変動する。要するに雇用主が従業員の私的事情を十分に把握しなければならないのだ。家族単位だと家族の人数どころかそれぞれの所得額や人的事情まで雇用主が把握することになる。これでは従業員のプライバシーは守れない。こういう批判も渦巻いていた。
どちらも正しい。そこで発想を転換。雇用主には家族情報を知らせず、そのデータを持つ国税組織が妥当な税率のみを企業に知らせる。それも嫌なら概算税率のみを知らせ、申告での調整も可能にして2019年1月より実施したのである。マカロンと仙台銘菓「まころん」のいいとこ取りをしたようなマクロンのお見事。

（2019・7・4）

2019年にようやくフランスで源泉徴収が始まった。源泉徴収については下記のような指摘をよく見かける。

〈源泉徴収制度はナチスが発明した制度であり、それで今の日本にも適用されているのはとんでもないことである〉

皆さん、よほど、源泉徴収されるのが嫌なようだ。私はまったく逆で、もっと多く源泉徴収をしてもらい確定申告すれば還付されてくるようにしてほしいと思っている。
まず、ナチスの発明というのは正しくない。ナチスの時代に普及したとは言えるかもしれないが、始まったのは、イギリスの1600年代の土地税からで、イギリスでは所得税法にも1800年代から導入されていた。

次に源泉徴収を目の敵にする人はどうしてほしいのだろうか？　源泉徴収をやめろ、と言うのだろうか？　やめたらどうなるのだろう。確かに、毎月の給料の支払額や、受け取る報酬はさしあたり増える。でも、給与の人は年末にドバッと引かれてボーナスどころではなくなりそうだ。給与以外の人は確定申告した上での納付で、まとめて支払わねばならなくなる。現在は、源泉徴収されているから、年末も微調整で済み、確定申告しても差額の納付か還付で済んでいるのである。

いわゆる先進国で、源泉徴収制度を採用していなかった国は、フランスであった。フランスは、源泉徴収も年末調整もないので、税務署から年一回税金の賦課処分がくるはずだ。1年分まとめて払わねばならないから、とても大変だったと思われる。あのトマ・ピケティ（著書『21世紀の資本』が世界的ベストセラーに）が、フランスの税制の近代化が遅れている象徴として批判してきたのである。

ともあれ、フランスも2019年にようやくいろいろな工夫をしながら導入した。工夫というのは、納税者が会社に個人情報を知られるのを嫌うため、個人情報の方は公共財政総局（国税庁のような組織）に知らせ、そこからは雇用主には適用する税率のみを伝え、個人情報が知られることなく源泉徴収できるようにしたことである。いかにもフランスらしいものだが、そのせいか、実施後の納税者の反応も良いようで、定着してきた。そりゃそうだよ、一度にまとめて払わねばならない問題から解放されるのだから。

私などは、源泉徴収税率を一律30%ぐらいにして、年末調整制度を廃止すれば、確定申告すると税務署からドバッと還付されてくるような制度になるのが良いのではと考えている。そうすれば納税者も賢くなり、税務署ももっと愛されるのではないかと思っているのである。

31 年末調整廃止論

2024（令和6）年の自民党総裁選で立候補を表明した河野太郎さんから、年末調整廃止、全国民が確定申告するようにしたいとの極めてまっとうな政策が提案された。

さっそく、評論家と称する人たちから、税務署がパンクする等の戦後70年余繰り返されてきた批判がなされているが、全くの的外れだ。

1947(昭和22)年、占領軍から申告納税制度への移行を要請されたとき、一番強く反対したのが当時の大蔵省であった。国民が税務署に来て、国民の申告で税額が原則として確定するなどという制度になっては、それまでの税務署の権限は大幅に縮小される。

そこで、申告納税を形骸化させるために、突如年末調整の制度が導入された。会社が従業員の所得を計算できるようにするためには、従業員の実際にかかった費用などを控除するのは不可能なので、給与所得者には法律で決められた金額しか控除を認めず、自分で計算し申告する権利も奪われた。その給与所得者が議員、教師、裁判官たちになり、税金の計算もしたことがないので、財務省の言うことをぽかーんと聞くようになって、今の税制難民国家日本が誕生したのである。要するに、愚民化政策である。

この愚民化政策を推進してきたのが、財務省、CIA、統一教会に操られてきた自民党なので、河野さんの思いを実現するなら政権交代した方が早そうだ。

（2024・9・12）

日本人がよく誤解するのは、源泉徴収と年末調整の違いだ。源泉徴収は支払時にあらかじめ支払者が天引き徴収する制度だ。この制度の下では、概算払いなので、納税者は最終的に、申告などで自分の税額を精算することになる。源泉徴収の率も現在のように複雑にすることなく一律にすることも可能になる。だって、確定申告で精算するからである。

これに対して、年末調整などと称して、給料の支払者である会社に年間の税額を計算させて、税務署に確定申告に来ないようにさせている制度の方は大問題である。会社が従業員の支払った経費などを一々調べて控除することなど不可能だ。従業員に経費の書類などを提出させていたら、経理はパンクする。だから、給与所得者には、必要経費の実額を控除させずに、現在のように、法定の控除額を引くだけにしているわけだ。給与所得者は税金のことなど考えずに、働けということか。

こうして日本の給与所得者は税制難民にされてしまった。この給与所得者が、現在では所得税の納税義務者の大半を占める。年末調整が廃止され、みんなが確定申告するようになれば、少しは税制を理解し、主権者として税制を監視するようになるだろう、と私は信じたい。

32 加算税――窓口は何も教えてくれない

昔々、ある所で、おじいさんが税務署に申告書を提出に、おばあさんは家で洗濯をしていました。おじいさんは自分の申告書と、おばあさんの申告書をそれぞれ提出してきました。2人は国民として、税金はきちんと納めようと、毎年毎年こうして真面目に申告していたのです。

ところが、それから半年後、税務署から電話がありました。この年の2人の所得は、通常の年と異なったために、当時非常に難解と言われていた制度の対象になっていたからでした。そのため、2人の申告税額は少ないことになり、「修正」してください、と言われたのです。2人は税金はきちんと払うつもりでいましたが、税務署からさらに「加算税」も払えと言われました。2人の申告税額が少なかったからです。2人は、その年もいつもと同じように申告してきたので、どうしても納得がいかず、争いました。

裁判所は、2人に送られてきた「確定申告の手引き」を読めば分かったはずだし、もし分からなければ、税務署に相談すれば良かったのだから、加算税を減免できない、と一蹴しました。

2人は、税務署が受け取るときにちゃんと教えてくれれば、正しく申告できたのに、そのときは黙っていてずるい、と泣きました。難しい制度は税務署職員も分からないので、受け取るときに、手はかさんぜ～、のようです。（2019・3・14）

これは実際の話である。毎年真面目に申告してきた夫婦が、1985（昭和60）年もいつもと同じように申告し、税務署もいつもと同じように受け取ったので、それで済んだと思っていた。ところが、この年の夫婦の医療費が例年より少額だったために、夫婦の利子と配当と不動産所得を合算して税額を計算しなければならない「資産合算課税」という特例の対象になっていたのである。そこで、あとから、税務署から税額が足りないので払えと言われたので、それに応じて税金は払った。しかし、夫婦が驚いたのは、さらに加算税を払えと言われたことだ。加算税？　税法上の制度で、罰金等とは少し意味が違うのだが、正しく払うべき税額を、過少に申告したことに対する制裁的な負担である。夫婦は正しい税を払うことに異論はないが、申告したときにちゃんと指摘してくれればその場で直せたのに、あとからこのような形で、しかも悪いことをしたかのような加算税まで負担させられるのは納得いかないとして、争ったのである。

大阪地裁(昭和63年11月29日)の裁判官たちは、この夫婦に対して次のような判決を出した。

〈確定申告の際又は還付金の交付までに過少申告であるとの指摘が被告からされなかつたことをいう点は、そもそも確定申告とは納税者がみずからの判断と責任においてその納税額をみずから確定させる行為であることに徴すると、たとえその際に被告らの受付ないし相談ということがありえたとしても、右は事実上の勧奨にとどまるものというべきであつて、とくにその際被告から指摘を受けなかつた一事をもつて右「正当な理由」の事情ないしその補完事情ということはできず、このことは、還付金の交付までの間においても同様ということができる。〉

自分でやるのが原則なので、税務署がそのまま受け取ったからといって、あなた方を救済する理由にはならない、というわけだ。さらに、

〈被告は、昭和六〇年分の所得税の確定申告の便に供するため、資産所得合算制度についても二か所に

わたつてその概要を説明した資料（六〇年分所得税の確定申告の手引き）を原告に交付しているほか、なお詳細については別途説明もする旨を右資料に記載していると認めることができ、右資料を順次読みすすむならば、通常の国民において確定申告にあたり資産所得合算制度についてその制度ないし内容じたいについておおよその理解を得ることは困難ではないというべきである。〉

申告書の手引きをよく読めば、気がついて、理解するのは困難ではないというのだが、この裁判官たち自身が同様な状況の場合に正しく申告を行えるだろうか。おそらく、まず無理である。それほど難解な制度なのに、よくこのようなことを言えるな、と思った。裁判官は給与所得者なので年末調整で終了し、確定申告していないことが、こんなことにも影響しているのかもしれないのである。

33 確定申告とは？

所得税の確定申告の真っ最中ですね。何を「確定」するのでしょう。そう、納税すべき所得税額です。2018（平成30）年の所得税の納税義務はその年の終了時点、

12月31日に一応成立します。

しかし、この時点では、税務署が税金を取り立てることはできません。その税額が具体的に確定されていないからです。確定する方法としては、税務署が処分をして決める賦課課税方式《ふかかぜいほうしき》というのがあります。

これは日本の国税では例外で、地方税に多い方式です。ヨーロッパ大陸の国々ではこの方式が中心です。

日本は戦後、アメリカの申告納税制度を導入しました。当時の大蔵省は必死に抵抗しました。だって、納税者の申告で税額が原則的に決まるなんて、税務署の権威がなくなるじゃないですか。

しかし、アメリカの圧力で嫌々導入せざるをえなくなったので、最後の土壇場で、会社に年末調整義務を課し、多くの給与所得者の申告を不要にしました。そのため、納税者の18%ぐらいしか申告していません。

申告は大変です。深刻な問題です。自分で税法を解釈して、税額を計算しなければならないからです。でも、自分の第一次的判断権に基づき確定できるのはすばらしいことでもあります。なお、違法所得でも申告義務あり。この場合の申告は、たぶん、

「自首申告」！　（2019・3・7）

ビアスの『悪魔の辞典』には確定申告はない。万一あったとしても日本の実態を描くのは不可能だ。

【日本の確定申告】

納税者の一部が行う行為で、自分が前年稼いだことを後悔する行為

★悪魔による解説

給与所得者だけでも5900万人いるのにすべての確定申告者数は2200万人。申告納税制度と自称しているのに、なんという少なさ。

戦後、アメリカから申告納税制度の採用を強要されたが、これに徹底的に抵抗し、最後の土壇場に年末調整制度を導入したのが、旧大蔵省。これに連動して、給与所得者の必要経費の実額控除も認めず、源泉徴収率も精緻で複雑にし、なるべく申告しないでもすむようにしてきた。そのおかげで大半の給与所得者は申告不要で税のことは忘れ、野球の世界大会に没頭し、パンとサーカスの日々である。申告する人はささや

かな還付か、さらなる納付が必要な人で、後者は昨年自分が努力して稼いだことを心から後悔する。不幸な国である。

一方、我々が住む悪魔国は全く違うぞ。源泉徴収率は一律3割だ。確かに手取りは減るが、大半の悪魔は確定申告をすればガバっと税金が戻ってくる。だから、確定申告をしない奴はいないし、翌月は還付金でみなハッピーになる。コロナのときはデータに基づき素早く税務署が給付。だから、人気あるぜ、税務署って。

（2023・3・16）


前者のコラムは、確定申告の意味を解説したものである。

毎年、2月16日から3月15日の間に、所得税の確定申告を行うことになる。多くの国民が頭を悩ますのだが、一体何を誰が確定するのだろうか？

まず、確定するのは申告する人の所得税額だ。所得税の納税義務は年末にその1年間の所得について抽象的に成立するが、具体的な額が確定していないので、国はあなたの財産からとることはできないのである。これを可能にするのが、確定申告で、納税者は自分の負担する税額を法律に基づいて計算し、自分で確定するのだ。納税者の方が第一次的に判断して確定させるというのは、非常に民主的にも思えるが、複雑な税法を納税者自身に勉強させ、分からなかったら税理士に頼んで計算してもらえ、間違えたら加算税とるぞ、というのも少し酷な面もあるかもしれない。

これに対して、ヨーロッパに多い賦課課税の国では、税額計算は税務署の仕事になり、納税者はその資料を税務署に出せばいいだけになる。資料としての納税者の申告を見て、税務署が計算した上で税額を決定することになるわけである。

ということは、日本における申告納税制度とは、税務署の税額計算の手間と賦課処分の手間を省き、申告書に税額を記載させ、その申告書に確定効果を付与し、税務署がすべき処分を基本的に省略できるようにした制度ともいえそうである。言い換えれば、納税者の協力により課税庁のコストを軽減している制度でもある。

毎年2200万件の確定申告があるが、そのうちの6割は還付申告で、給与所得者の多くは年末調整で終了し、確定申告をしているわけではない。

日本の確定申告を実は形骸化させてしまった、年末調整制度への批判を『悪魔の辞典』風におちょくるコラムが後者のコラムである。

34
無申告か仮装隠蔽か

「ご隠居、浮かぬ顔でどうしやした？」

「う〜ん、こりゃ騙《だま》されたかもしれんの？」

「一体何のお話で？」

「2022（令和4）年度税制改正で、仮装隠蔽《かそういんぺい》対策として導入された制度のことじゃよ。わしゃ、仮装隠蔽した場合だけだと思っていたが、改正法案を読むと、無申告の場合は仮装隠蔽にかかわらず適用されるように読める」

「てえことは？」

「所得が少ないと思って申告していなかったが、課税対象になるものがあるという理由で調査があり、いくつかの申告漏れがあったとしよう」

「別に隠したわけではなく、本当に申告不要だと思っていたわけだ」

「無申告の場合にはそういう人も少なくない。しかし、無申告なので、帳簿にきちんと記載されていない費用は一切認められなくなる」

「エッ、するとサラリーマンで副業収入があった人なんかも経費ゼロで課税されちゃう？」

「そうだ。さらに、仮装隠蔽をする事業者と取引をして騙された事業者にもそのリスクがある。誰か国会議員が気づいて、審議中の議会で歯止めをかけてくれないかのな？」

「仮装隠蔽対策を口実に経費算入を規制し、それが嫌なら、記帳しろってことかな？」

「そうなるの〜。仮装隠蔽する連中に困っているからといって、課税側が本当の理由を仮装隠蔽しちゃ、あかんの〜」

（2022・3・17）


当初、改正の狙いが仮装隠蔽した人に対する規制なので「仮装隠蔽して申告した者」と「仮装隠蔽して申告しなかった者」が対象だと思われていたが、条文（所得税法第45条第3項）からすると、「無申告」だった者は仮装隠蔽の有無にかかわらず、必要経費が否認されるようにみえる。そうすると、うっかり、所得がないと思い込んで申告しなかった人まで経費が認められないことになりかねない。例えば、飲食店を営む個人事業主が新型コロナの影響で「どうせ赤字だろう」と考えて帳簿もつけず、確定申告をしなかったが、コロナ関係の協力金を得ていたため、申告義務はあったというような場合である。このような「無申告」も支出状況を客観的な証拠に基づき説明できなければ、経費が認められないということになってしまうからである。

そこで、日弁連税制委員会では、この規定の乱用を防ぐように国税庁と交渉したが、実際にどう運用されるか目が離せない。今のところ、大きな問題は報告されていないので、ホッと一息である。

35 法人税——交際費

「ご隠居、自民党大混乱の中で税制改正だ。非課税となる交際費の上限を1万円に引き上げるとか？」

「おお、交際費ね。いいんじゃない」

「えっ、ご隠居、批判しないの？」

「わしは大谷翔平君じゃよ。右投げ左打ちだ」

「てへ。でも、ご隠居、飲み食い費ですぜ」

「取引先の接待等のために出す支出が交際費で、企業会計では本来的に経費だよ。これを原発開発の予算作りのために経費として認めないようにしたのが1954（昭和29）年の交際費課税の始まり。もうやめるべき時期じゃ」

「冗費節約は建前で、本音はそっちか」

「そうじゃ、わしは苦々しく思っておる。真の交際費は経費じゃよ。それと、従業員のための福利厚生費も問題だ」

「福利厚生費？」

「例えば、社員旅行を企画して、社員への感謝の気持ちを込めて、少し贅沢《ぜいたく》な旅行にすると、高額だと言って、交際費として課税したがるんだ」

「え〜、そりゃ困る」

「そもそも、従業員に明日から会社でもっと頑張ろうと思ってもらうための費用だ。非日常的な経験をしてもらうことが重要だから高額でいい」

「会社はもっと従業員のために金を使うようにしろ、って訳だ」

「そうじゃ。交際費課税は早くやめてほしい。そして、原発の灯も消して、街や地域の灯をともしてほしいのじゃ〜」

（２０２３・12・14）

日本では１９５４（昭和29）年から「企業の冗費（無駄な支出）抑制、資本蓄積」を名目に企業の交際費は損金に算入できなくなっているが、本当にこれでいいのだろうか？

まず、そもそもこの措置は時限措置だった。日本企業の１９５５（昭和30）年当時の弱い資本蓄積を克服するためのものだったのだが、なぜ今でも必要なんだろうか？「資本蓄積」はもう理由にはならないが、「冗費節約」は大事だろ、という反論もありそうだ。２００６（平成18）年に１人５０００円までの支出は非課税という改正をしたときに、マスコミ関係者からは冗費が増えるとか、ビジネスを飲み食いなどでやるべきではない、といった批判が多かった。でも、ビジネスにも相手との信頼関係の構築なども重要であるし、交際費と、販売促進費や広告宣伝費、福利厚生費との差も実際は微妙なのである。

また、そもそも、交際費は企業会計では当然経費だし、法人税法も法人税法自体ではその損金性（＝経費性）を否定できないので、租税特別措置として政治的に、時限的に損金算入をしただけなのである。したがって、そろそろ見直さなければいけないはずである。

2024（令和6）年の改正では、非課税の上限額を従来の5000円から1万円にしたのだが、物価が上がっていることが実感され始めていたので、あまり批判はなかった。私も若い頃は交際費のような冗費は本来の経費性は少ないので、損金算入が制限されてもやむを得ないと考えてきたが、徐々に本来の法人税の仕組みからしておかしいと考え始めていた。さらに、東北の重鎮の税理士先生から次のことを教えられ、交際費課税にますます疑問を持っている。税制改正の建前のみを信じちゃ、いけないね。

〈実際には次のことがあったのを当時の主税局にいた人から聞いたことがあります。1953（昭和28）年頃から中曽根康弘議員たちが我が国でも原子力の平和利用で原子力発電の研究をしようということになったとのこと。しかし、我が国の財政は当時大変厳しく財源をどうしようか主税局では困ったそうです。そこで出てきたのが「交際費」に課税しようということになったとのこと。その先頭に立ったのが当時の辣腕Y担当官で「銀座の灯を消して原子の灯をともそう」を省内の合い言葉にしたそうです。……確かに1954（昭和29）年の国会に中曽根議員らの提案で「原子力開発予算」が2億3500万円で出されています。〉（詳しくはHP 会長深田一弥の異見！「交際費課税と原子力発電」参照）

な〜んだ、そうだったんだ。企業の冗費を抑制するために交際費に課税しているように見えたのは幻視だったんだ。

36

法人税――報酬かお年玉か

「ご隠居、このジャニーズ事件、何が何だかさっぱり分かりませんや」

「事務所の社長が所属タレントに渡したお年玉を、社長個人からの贈与だと認定した事件か？」

「ええ、事務所のタレントに渡したのなら、給与等で経費では？」

「普通はそうじゃの。この事務所では、交際費処理していたようじゃ」

「交際費？　社長が所属タレントと？」

「社長が従業員と飲んで交際費にすることもないことはないが、金を渡しただけだと交際費は難しそうだの」

「給与にすると？」

「タレントたちのこれまでの所得税の源泉徴収などをやり直すので、大変だ。だけど、そのために5年間で9000万円もの金額を社長が会社から受けたことにするかの？」

「おや、何で？」

「社長は所得税がかかるし、会社は臨時の役員報酬なので経費にできず、法人税もかかる」

「こりゃ大変！」

「今回は各人の受贈額が少ないので、贈与税は非課税だが、仮に社長が1人に9000万円渡していたとすると高額な贈与税もかかる課税方法だ」

「ひえ～、三重苦」

「さらに、受贈者が国外に逃亡したと仮定しよう。どうなると思う？」

「おお、どうなるんで」

「なんと社長に贈与税の連帯納付義務。課税され、愛人だったこともバレたら家庭も大崩壊！」

「ひえ～お年玉怖い！」


（2023・1・12）

このコラムは、2022（令和4）年末の次のジャニーズの追徴事件の報道を素材に書いたものだ。

〈芸能プロダクション「ジャニーズ事務所」（東京）と関連2社が東京国税局の税務調査を受け、今年までの5年間に所属タレントに渡した「お年玉」約９０００万円について、経費とは認められないと指摘されていたことが関係者の話でわかった。お年玉を渡した3社の藤島ジュリー景子社長への賞与にあたるとして、不納付加算税を含め源泉所得税計約４０００万円を追徴課税されたという。

関係者によると、指摘を受けたのは、ジャニーズ事務所と関連会社「エム・シィオー」、「ジャニーズ出版」。ジュリー氏は毎年1月、所属タレントにお年玉として現金を渡しており、この分について3社はそれぞれ交際費として税務申告していたという。〉（読売新聞オンライン、２０２２年12月28日）

所属タレントに渡したのなら、基本的には報酬で、雇用されていれば給与と考えても良さそうだ。でも、これを交際費として処理していたそうで、確かに税務調査で問題にされそうである。しかし、税務署の判断は、会社がまず社長へ臨時の賞与を与え、それを社長がタレントたちに、個人的に小遣いとして渡したということにされているようだ。こうすれば、社長だけの源泉徴収と会社の法人税の調整だけで済むので、タレントの報酬・給与等とした場合、タレント全員の源泉などを調整するよりもはるかに楽だからなのかもしれない。

このような、課税関係の構成は、会社の社長が会社の金から愛人に贈与しているような場合によく使われる。会社がある人に贈与する理由が全くない場合に、よく調べてみると社長の愛人だったというような場合は、会社の経費としては当然否認し、まず会社が社長に賞与を与え（それは損金にならない）、その賞与を社長が個人的に愛人に贈与した、と考えるわけだ。所属タレントへのお年玉が同じようなものと言えるかは疑問だが。

ジャニーズ事務所は、この後、元社長の性加害の報道で事務所の存立が危ぶまれ、新社長を迎えたのに、代表取締役は藤島ジュリー景子さんが続けたことに関連して、事業承継税制を適用しようとしているのではないか、という報道も出た。ジャニーズ事務所が税制の特例で救ってあげねばならない零細企業だとは想像もしていなかったので、事業承継税制の現状を確認してみた。

この特例は２００９（平成21）年に、零細業者が相続税負担のために事業承継ができなくなることを配慮して導入されたものなのだが、あの加害者といわれる方が亡くなった前年の２０１８（平成30）年から超お得な優遇措置になっていた。ジャニーズの株式を相続等で取得すると、１００％相続税が猶予されるのだ。その株式を普通の相続税と同じように扱えば、税額が何百億になる場合でも、すべて猶予してくれるものになっていたのである。ただし、後継者が5年間会社の代表者であり続けなければならず、社長は辞めても代表を辞める訳にはいかないのだ。

この特例の対象となるためには、業種によって異なるが、資本金を5000万円以下にしておけば、いくら従業員がいようが、いくら儲けていようが関係ないものになっていた。元々は従業員の雇用を確保するための制度であったはずなのだが、中小企業者の事業承継という美名の元に次々甘くなっていたわけだ。与党世襲議員の大半は政治団体を通じて親の財産を無税承継しているので、同じようにしようということなのだろうか。

しかし、こういう指摘が週刊誌で報道されたためか、その後事務所がいろいろ再編成される過程で、藤島ジュリー景子さんはすべての会社の代表を退くと発表された。すると、猶予されていた高額な税金を払うことになるので、それはそれでお気の毒という気持ちもするが、本当のところは分からない。

37 法人最低税率

「ご隠居、世界の最低法人税率が決まったとか？　最低でも15%？」

「G7でようやく合意が取れたという意味じゃ。まだまだ実現には時間がかかるが、合意が取れたこと自体はたしかに画期的かもしれん。税率という国家の専権に歯止めをかけたんだからの〜」

「今回決まったのはそれだけですかい？」

「いや、同時に各国がバラバラに実施しているデジタル課税を調整することや、10%を超える利益マージンの最低20%の課税権を市場国に付与すること、なども盛り込まれているようだ」

「難しい〜！　世界中が歓迎しているんですか？」

「いや、そうでもないぞ。租税正義を求める世界の団体は相当不満のようだ。そもそも最低でも25%必要なのに、15%にするなんて企業優遇で低税率国温存だし、今回の提案ではG7の国が他の国々の1・7倍も税収を確保する不公平なもので、富裕国だけでこんな税率を決めていいのか、と批判されとる」

「へぇ〜、富裕国だけの自分たちのための改革ってわけですか」

「ただ、税の割引競争はもうやめようというのは大事な点だ」
「するってぇと、法人税率引き下げばかりで結局企業の内部留保のみが増えてしまった国は反省しなけりゃいかんですぜ」
「あ〜そうだったんだ、と気づき、税率も最低ではなく再考すべきじゃの〜」
（2021・6・10）

2000年以降、アイルランドの法人税率引き下げによって各国で起こされた税率引き下げ合戦にようやく歯止めがかかったのが2021年6月。法人税の最低税率を15％にすることで合意がとれたのだ。少し低すぎるように感じるが、合意をとる以上やむを得なかったのかもしれない。

この最低税率は、企業の海外利益に適用されることになる。もちろん、各国の政府が国内の法人税率を好きなように決定する裁量権は残るが、企業がある国で最低水準より低い税率の負担で済んでいる場合には、その企業の本国政府は最低水準までの差額分を追加徴収できることになる。そこで、利益を海外に移転するメリットはかなり消滅すると思われる。痩せ細った各国の法人税をどのように回復するか、この最低税率が企業の租税回避行動をどの程度規制できるか、等々は今後、各方面で調査されていくが、現在12・5％のアイルランドが合意した理由は「少なくとも15％」の「少なくとも」が削除されたからだと言われている。今後に注目していこう。

38 格差是正のための法人税改革構想

「社長と新入社員の税引き後の報酬がわずか7・5倍にすぎない」（当時の日経連）というデータを根拠に、平等社会日本に消費税が導入された。

さらに、所得税の超過累進税率を緩めたので、企業のCEOたちが高額報酬を自制する、ということもなくなった。

それから30年。あっという間に格差は拡大し、今や新入社員ではなく従業員報酬の中央値との比率で58倍にもなっている。アメリカの場合はさらにひどく265倍にもなっている。

こうしてCEOへの報酬が上がり続ける中で、2020年大統領選の民主党候補として支持を集めていたサンダース氏の政策には夢と知恵があふれている。

たとえば、法人税改革。単なる税率引き上げ論ではない。企業がその利益をもっと従業員に配分するよう、ＣＥＯと従業員報酬の中央値が50倍を超えると、その倍率に応じて通常の法人税とは別に追加税率を課すというのである。５００倍を超えると５％にもなる。この制度になれば、企業はＣＥＯへの報酬を自制し、従業員への配分を重視していくことになる。

なかなか面白いアイデアである。日本で導入するなら、10倍を超えるところから追加課税をはじめ、ゴーン氏がいた企業のように２００倍を超えるような場合に最高税率にしたいですな〜。え、最高税率は何％かって？　もちろん３《サン》ダース（36％）。

（２０２０・２・27）


２０２０年の米大統領選挙で大健闘したサンダースさんの法人税改革論は面白い。通常の税率とは別に、従業員の賃金の中央値と役員報酬とを比較して、役員報酬が従業員の給料を大幅に上回るときは、法人税率を加算しようという提案であった。アメリカの実情からすると、５００倍を超えたような場合にかけるようにしているようだが、私などは従業員の中央値よりも役員が10倍もとっていたら法人税率を加算しても良さそうに思う。サンダースさんの発想は、会社の儲けは従業員にもできるだけ公正に分配していこうということだ。

さらに、サンダースさんは、純資産3200万ドル以上の「超富裕層」に課税する案も主張していた。だから、マスコミではアメリカの急進左派などといわれているが、北欧型の普通の社会民主主義者の普通の発想に過ぎない。アメリカにもこういう主張をする政治家がおり、若者の支持が多かったことは少しホッとするが、2024年の大統領選には出ていない。

2024年の米大統領選挙では、ハリス副大統領が、法人税率を21%から28%に引き上げる増税案を提案している。共和党の大統領候補であるトランプ前大統領が在任中法人税率を35%から21%に引き下げたことに対する正面からの批判でもあったが、アメリカ人はトランプを選んだ。

第四章

消費税・相続税

39
累進的消費税

政権交代の可能性が出てきたので、新政権には是非、昭和メタボ税制を令和健康税制に直してほしい。最大の問題点は、消費税の逆進性をどう解消しながら、財政を支えていけるかである。

旧民主党政権は、給付付き税額控除という仕組みでその解決を図ろうとしたが、自公政権になって、その核とも言うべきマイナンバー制度がズタズタになり、もはや回復不能状態であろう。

この問題を考えていたら、ＩＭＦの「累進的付加価値税（＝消費税）の設計」というワーキングペーパーが出てきた。累進的な消費税？　本当に可能だろうか？

このペーパーはまず、伝統的な逆進性解消策としてとられてきた軽減税率は、多額の歳入を失い、富裕層に高い補助金を与えるものであることを実証する。その上で、消費税の枠内で逆進性を解消するためのデジタル消費税を提唱している。誤解を恐れず簡単に述べると、あなたが小売店で買い物をすると、小売店のレジから国税庁のレジにつながる。あなたの100万円までの買い物には消費税が電子的にすぐ還付されており、その額を超えると実際にも負担するようになり、さらには一定額以上の支出について、税率を上げることも可能だろう。まだ、提言段階で問題も多いが、デジタルマネーを前提とすれば不可能ではない。

政権交代への希望がより高まるよ、累進的に！

（2024・5・2）

我が国の財政を直視したとき、今後の税収の中心を何に置くべきだろうか。野党は消費税の逆進性を論拠に、その活用には抑制的で、所得課税中心に立て直したいのだろうと思われるが、実際にどこまで可能かは不透明であろう。そうすると、政権交代してもその後の財政運営の中で消費税の引き上げに直面し、再び政権交代のリスクにさらされよう。

消費税は正確には付加価値税という仕組みであり、納税者がもっとも敏感に重税感を感じる税でもある。だから、なかなか使いにくい。ところが、2024年4月にIMFが「累進的付加価値税の設計」というワーキングペーパーを発表した。それは試論的なものではあるが、随所に刺激的な指摘があり、我が国の政権担当者も真剣に検討するべき内容を含んでいる。

　このペーパーはまず、伝統的な逆進性解消策としてとられてきた軽減税率は、多額の歳入を失い、富裕層に高い補助金を与えるものであり、無意味であることを実証している。これは従来から指摘されてきたことを改めて、各国のデータから実証したものである。

　その上で、付加価値税の枠内で逆進性を解消するためのデジタル付加価値税を提唱している。つまり、すべての消費に単一の付加価値税率で完全課税することを前提にした、モバイルマネーとリアルタイム・テクノロジーを活用した新しい発想の付加価値税の提唱である。

　同ペーパーは近年の電子インボイスの特徴として「小売部門のレジを税務当局の巨大なデータベースにリンクさせ、B2C取引のすべてをリアルタイムで記録している点」をあげ、このリアルタイムシステムを利用すれば、累進的付加価値税が可能になっていくと指摘している。

　コラムにも書いたように、ある消費者が小売店で買い物をすると、小売店のレジから国税庁のレジにつながる。例えば100万円までの買い物には付加価値税が電子的にすぐ還付されており、その額を超えると実際にも負担するようになる。さらには一定額以上の支出について、より高い税率にすることも可能になるかもしれない。

1980年代に話題になった支出税構想のデジタル版と言って良いかもしれないが、モバイルマネーとリアルタイム・テクノロジーがその現実化を可能にしてきたといえる。さしあたりは、B2Cの段階から実施することになると思うが、このような制度を導入した場合に予想される不正問題などは当然起こるとしても、日本として乗り越えるべき価値のある問題であるように思われる。付加価値税制の悪いイメージを払拭でき、我が国の財政と政治の公正性を高めるものとして、私はその導入を真剣に検討すべきだと提言しておきたい。

40 総額表示でも忘れない

「ご隠居、コロナ禍で狸《たぬき》の魅力にはまる人が増えているそうですぜ」

「ほお〜。確かに、信楽焼やアニメの狸を見てると愛嬌《あいきょう》があるからの」

「『日本たぬき学会』なんてのもあって、会員も増えているんだとか。みんな疲れちゃって、癒やされたいんじゃないですかね」

「癒やされているだけなら良いが、2021(令和3)年4月からは消費税も総額表示に戻ったぞ。消費税が見えにくくなるので、狸政治に騙《だま》されないようにせんと」

「表示方法が変わったんですかい」

「そうじゃ、消費税を導入したとき、外税方式にしたが、そのため3%でも、消費者には見えて、税率引き上げへの抵抗が強くなった。そこで、2004(平成16)年に総額表示に切り替え税負担が見えないようにしたんじゃ」

「でも今までは?」

「それはあくまでも、時限的特例だったのだ。総額表示を徹底して、消費者に消費税を忘れてほしいのかもしれんの〜」

「忘れるはずはありませんよ」

「そうか? 総額表示で行われてきた酒税はどうだ。八っつあんが今飲んでいるビールの税率は」

「??」

「小売価格の約36%(当時)だ。こんなこと知ると旨《うま》く飲めないだろ?」

表　総額表示とは

	2021（令和3）年4月1日から
9,800円（税抜き）	10,780円
9,800円（税抜価格）	10,780円（税込）
9,800円（税別）	10,780円（うち税980円）
9,800円（税別価格）	10,780円（税抜価格9,800円）
9,800円（本体）	10,780円（税抜価格9,800円、税980円）
9,800円（本体価格）	9,800円（税込10,780円）
9,800円＋税	
9,800円＋消費税	

「いや、このビールは旨いっすよ！　もう1杯」
「もう、狸の金玉かい」
「？？」
「またいっぱい、だの〜」
（2021・4・8）

物の値段の表示に際して、消費税をどうするかというのは、消費者に与え得る負担感に大きく影響する。

当初、値段には本体価格のみを書き、購入時に消費税をプラスして請求する外税方式を採用したが、これは消費者の負担感を強めた。そこで、酒税などと同じように、物の値段表示の中に消費税も含めて請求する内税方式に切り替えたが、時限的に特例を設けて上の表の左側のような表記も認めてきた。

しかし2021年4月からは総額表示方式が徹底されることになったのだ。

これで、消費者が消費税のことを忘れてくれるとは思えないが。

41
軽減税率のデメリット

2019(令和元)年10月1日から始まった軽減税率について、このコラムでも一言述べておきたい。

何のためにこんな税率を入れるのか? 導入を主導した公明党さんは、①消費税の「逆進性」等を緩和する最も優れた方法であり、②複数税率は世界の常識だ、と述べておられる。

複数税率が逆進性を解消しないのは、この税が導入されるときからの世界の常識であったし、この方式が逆進性緩和の最も優れた方式だというのは、専門家ではほとんどいない。むしろデメリットの方が多すぎる。

複数税率が世界の常識だというのも、理解できない。ヨーロッパで複数税率が多いのは、付加価値税導入前に実施されていた多段階売上税の既得権を継承せざるを得なかっただけなので、決して合理的ではない。新たに導入する国々は複数税率を避けてきたのが世界の常識だった。

新聞も人ごとのように報道しはじめたが、そもそも食料品とそれ以外の消費の区分自体も困難で、さまざまなトラブルの元になる。

新聞業界はこういう不合理を知りながら、軽減税率の問題点の報道を避け、その甲斐《かい》あって、軽減税率の対象になった。ずるいな〜。

そうか、学会での専門的な研究によれば、本当は導入してはいけなかったんだ、ということに気づいてね。

（2019・9・26）


消費税率を10％に引き上げるとき（2019〔令和元〕年10月）、与党とりわけ公明党は軽減税率の導入に動いた。

今でも同党のHPなどでは軽減税率を入れたことを誇っているが、本当に消費税の仕組みと日本の状況を理解した上で主張してきたのか疑わしい。単一税率なので、日本独自の帳簿方式で済むことが可能だったのに、複数税率にしたら、帳簿方式ではもたない、インボイスを入れるしかない、という財務省の要求を跳ね返せなくなるのは火を見るより明らかだったからである。さらに、軽減税率を入れるより、給付付き税額控除等の仕組みの方が合理的だが、自民党はこれを嫌っていたので、結局、軽減税率を導入したのである。

その結果、2023(令和5)年10月からのインボイスの導入になったのは周知の通り。免税業者でもなんとか取引が可能になり、消費税負担も軽減されていたのが、インボイスで課税業者にならなければ取引から排除されることも出てくるので、結局、零細業者いじめになった訳である。公明党さんの「お手柄」なんですよね。

軽減税率についてはマスコミの沈黙も異常だった。その理由は次の解説から分かるだろう。

〈Q:なぜ新聞に軽減税率が必要なのか?

A:ニュースや知識を得るための負担を減らすためだ。新聞界は購読料金に対して軽減税率を求めている。読者の負担を軽くすることは、活字文化の維持、普及にとって不可欠だと考えている。〉(日本新聞協会HP)

日本の消費税は長いこと単一税率であった。それがヨーロッパの消費税に比して優れている点でもあった。ところが、消費税率を10%に引き上げるときに、変な理屈で、8%の軽減税率を残して、その結果、複数税率制度にしてしまった。

何のために複数の税率を入れるのか? コラムで述べた公明党さんの詭弁《きべん》への反論とし

て、①複数税率が逆進性を解消しないのは、この税が導入されるときからの世界の常識であったし、この方式が逆進性緩和の最も優れた方式だというのは、専門家ではほとんどいない。②複数税率が世界の常識だというのも、全く理解できない。ヨーロッパで複数税率が多いのは、付加価値税導入前に実施されていた多段階売上税の時代の既得権を継承せざるを得なかっただけなので、決して合理的ではないからだ。むしろ新たに導入する国々は複数税率を避けてきたのが世界の常識だったのである。

この改正論議のとき、日本の新聞各社の対応は、実に情けないものであった。軽減税率の問題点をマスコミとしても書くべきなのに、新聞紙を軽減税率の対象にしてもらいたいがために、基本的に沈黙したのである。筆者が新聞紙上で軽減税率の問題を指摘しようとすると、検閲が入り、新聞協会の方針としてこういう批判は掲載できないので削除してほしいと何度も依頼されたことを思いだす。そういう依頼を受けて、削除に応じてしまった私も情けないが、新聞社も自分の利益のためには筆を曲げることがよく分かった。やがて軽減税率を食料品に適用するという発表があった数日後、新聞紙も軽減税率の対象になったのである。批判を控えたお礼だが、日本の新聞史に残る汚点でもあろう。

その結果、どうなったか。軽減税率の適用を受けたにもかかわらず新聞紙の発行部数は減り続けている。

42 インボイス導入はなぜ？

「八っつぁんも消費税の免税業者だったの〜」

「てへ、働けど我が暮らし楽にならない零細業者でございます」

「だが、わしが頼んだ仕事で代金1万円に消費税1000円をつけておったぞ」

「ご隠居、固いことは言っちゃいけねぇ」

「別に怒っておらん。というのは、わしの仕事の消費税額からお前さんに払った1000円は帳簿をつけておけば引けるからじゃ。これが日本独特の帳簿方式じゃ」

「てえと、あっしは1000円国に納めていないのに、ご隠居はその分引けちゃうってことだ」

「そう。だから、免税業者も取引から排除されずにすんだんだが、国からすると大問題だったんだ。これが変わるぞ」

「どう変わるんで？」

「お前さんとは取引できなくなる。だって、免税業者でインボイスがないから、控除できる税額がない取引になる」

「ひえ〜どうしよう」

「課税業者になるしかない。インボイスを交付できるようになる。だが、1000円の消費税も負担することになるの〜」

「じゃ、あっしの手取りは減っちゃう。何でそんなことに？」

「軽減税率を導入したからじゃ。単一税率なら今までの方式でも可能だが、複数税率じゃ無理、というのが口実じゃ」

「軽減税率で負担軽減と思いきや、零細業者の手取り額も軽減とは、これはまさしく隠謀《いんぼう》ィす！」

（2022・11・3）


軽減税率を導入したため、財務省から複数税率で現在の帳簿方式では無理だと言われ、ついにインボイスの導入となった。

今から37年前の1987（昭和62）年4月、国会は売上税法案の可否をめぐって紛糾、結局廃案に追い込んだが、わずか1年半後の翌1988（昭和63）年12月、今度は消費税という名の税法が自民党の賛成多数で可決、成立したのである。

一体この2つの税法の間にはどんな違いがあったのか確認しておこう。

売上税法案の方には第28条に「税額票」の規定があり、この税額票といわれるものが今日騒がれているインボイスのことであった。これに対して、消費税の方には税額票の規定がすっぽり削除され、代わりに仕入税額が帳簿等に基づいて控除できるという、日本独自の方式に変わっていたのである。

両者の決定的な差異は免税業者と言われる零細事業者の取り扱いの差であった。売上税法案の仕組みでは免税業者と取引をすると、免税業者は税額票を発行できないので、取引業者は仕入れ額があっても自分の売上税額から引ける税額がないことになる。そうであれば、税額票を交付できる業者、つまり課税業者と取引をした方が税負担は軽くなり、免税業者は取引から排除されてしまうという批判が大きな反対の声となり、売上税法案は廃案となったのである。

そこで、税額票の部分を削って、免税業者との取引でも、帳簿に記載しておけば、仕入れた業者は仕入額には税率分の消費税額が引けるようにしたのだ。その結果、免税業者が取引から排除されずに、それどころか場合によっては免税業者からの仕入れの方が有利になるようになったのである。

これがインボイスの導入により封印されることになったのである。もちろん、最初は緩やかにし、徐々にインボイスなしには絶対控除できないように締め付けていくことになる。

消費税の税収が所得税、法人税を抜いて第1位になった今、この制度改正がどういう影響を社会に与えていくのか注目していこう。

43 消費税と外国人観光客

「ご隠居、台湾のテレビ局から質問があったそうですが、何について？」

「外国人観光客向け免税制度を日本が変えるようだが、問題ではないか、という質問だった」

「で、ご隠居は？」

「変えるのが当たり前だ。昨年末の税制改正で変えるはずだったのに、2025（令和7）年で結論を出す、と先送りにしたので怒っておる、と答えた」

「そしたら」

「台湾側からは今の便利な制度がなくなるし、税関に職員の配置なども必要になってくるのではないか、というんじゃ」

「今の制度って？」

「今は、観光客が免税店で一定の手続きをすれば、消費税抜きで購入できるのだ。実際には帰国せず、国内で捌《さば》いていることが分かると、免税で売った業者から消費税分が徴収され、実質的に業者の負担になっておる。まるで脱税奨励制度だ。これに対して、台湾をはじめ多くの国は免税店でも消費税込みで販売して、実際に出国するときに税関で戻す制度にしている。これなら、脱税の心配はないからの」

「あれ、そうなんだ。なぜ日本はこんな変な制度になってるんで？」

「消費税の前に物品税という税があった。1952（昭和27）年頃、この税の負担なしで、かつ簡便に出国可能にしてあげねばならない人たちがいたんだ」

「え～、誰だろう？」

「米軍の軍人さんとその家族じゃよ」（2024・1・18）

日本の消費税免税制度は諸外国と比べて簡便でいいとする意見もあるようだ。しかし、税法の立場からはとんでもない議論である。消費税率が3％の時から、この制度の欠陥は実務家や専門家の間では話題になっていたが、あまり目立つことはなかった。しかし、最近はこの弊害が目立つようになり、その指摘を受けて財務省はこそこそと部分的改正を行ってきていたが、私からすると、制度そのものが誤っていると言わざるを得ない。

今の制度では、観光客が商品を購入してすぐに現実に出国するということを前提にしている。しかし、その観光客が出国しなかった場合、出国したが商品は持って出なかった場合、さらには、出国前に国内で売り捌かれた場合等はどうするのだろうか。騙《だま》されて売った業者から追徴しているのである。業者もたまったものではない。要するに「脱税奨励」免税制度になっているのだ。2022（令和4）年度を例にとると、免税品を1億円以上購入した人が374人に上ることが分かったようだが、その大半は免税店で買った商品を、日本国内で転売しているものと思われる。

外国はどうだろう。どの国も基本的には、免税店で購入するときも消費税を負担させ、実際に出国するときに、消費税分を還付する、という仕組みを採用している（タックス・リファンド制度）。還付するのが業者である場合（EU方式）と政府機関が直接還付する場合（オーストラリア、台湾、タイなど）とに分けられるが、いずれにせよ、観光客がまず納めて、実際に出国するときに還付してもらう方式である（宮川博行「消費税の免税制度に関する一考察――輸出物品販売場制度の在り方を中心として」税大論叢64号、90頁以下）。だから出国の時はだいぶ並ばされ、混雑するわけだ。

それに対して、日本の制度はそういう制約がないから、出国もスムースになされるわけだが、それは（なりすまし）観光客はいないはずだという過度の信頼感を前提としている。通常、日本の納税者を脱税予備軍としてしか見ていない財務省が、なぜ観光客は善人だと考えるのだろうか。

こうなっている本当の理由は歴史的な背景にある。実はこの制度は消費税の前身の物品税時代の産物なのだ。1952（昭和27）年頃、我が国もようやく独立国としての税制の整備をし始めたのだが、当時物品税の負担なしに、かつ簡便に出国可能にしてあげねばならない人たちがいたのである。そう、アメリカの軍人さんとその家族だ。

独立国になったので、本当はEUのようにやらなければならなかったのに、それまで日本を占領していたアメリカ軍の人たちをそう簡単にチェックするわけにはいかなかったようだ。だから、アメリカ軍のための特例を設けてきたのであり、従来は観光客が少なかったのであまり問題にならずに、適用してきたのであった。

こういう経緯を考えると、良い制度と手放しで評価すべきだろうか。私は外国同様にすべきだと考えており、2025（令和7）年の税制改革で改正されることを心から期待しているのである。

44 配偶者居住権

「ご隠居、なんか浮かない顔をしてやすね」

「おお、八っつあんかい。2020（令和2）年の4月から民法の配偶者居住権が始まったので、遺言に書いておくかどうか迷っておるんだ」

「なんですか、それ？」

「ほれ、2013（平成25）年に最高裁が婚外子と嫡出子の相続分の差別は違憲だと判断したじゃろ」

「子供には罪はねぇ」

「そうじゃ、だから民法改正が必要だが与党の保守派が抵抗した」

「なんでです？」

「婚外子の相続分を増やすと、その相続分の支払いのために残された配偶者が家を売却せざるを得なくなるじゃないか、というわけだ」

「確かにね〜」

「そこで、残された配偶者は家の居住権を相続できることになった」

「死ぬまでその家に住めるってことですか？」

「そうじゃ。だからそうしてやるかどうか」

「ご隠居は婚外子が多そうですからね〜」

「これこれ。この居住権は相続人同士の仲が悪い場合や節税などにも使えるのでな〜」

「金持ちは大変だ〜」

「あ!!」

「ご隠居、どうした」

「昔、妻がわしをケチ、ケチと言うんで、この家を贈与税の特例を使って妻に贈与しておった」

「てえことは、奥様は心配ねぇが、奥様に先立たれると、ご隠居の居住権が危ねえ。小言ばかりのご隠居は、たぶん行使されちゃいますぜ、拒住権!」（2020・8・27）

2018（平成30）年の民法改正で、配偶者居住権というものが新たに設定され、2020（令和2）年から施行されている。法務省の説明では、
〈社会の高齢化が進み平均寿命が延びたことから、夫婦の一方が亡くなった後、残された配偶者が長期間にわたり生活を継続することも多くなりました。その際には、配偶者が、住み慣れた住居で生活を続けるとともに老後の生活資金として預貯金等の資産も確保したいと希望することも多いと考えられます。そこで、遺言や遺産分割の選択肢として、配偶者が、無償で、住み慣れた住居に居住する権利を取得することができるようになりました。〉
と説明されているが、きっかけは非嫡出子の相続分を嫡出子と平等にしなければならなく

なったため、相続で配偶者が居住できなくなることを心配した保守派の抵抗を和らげるために設けられたものだ。

この改正により、父親が亡くなり、母親と長男が残されたとすると、母親が居住権を取得し、長男が母親の居住権付き家屋の所有権を取得するようなことが可能になった。長男が取得する家屋は母親の居住権が付いているので、その家の値段から母親の居住権の価額（これが大変難しい。専門家に尋ねることをおすすめする）が引かれ、その分安く評価されるのである。そして、母親がその後亡くなると、居住権も消滅するので、単純に家屋を相続するよりも相続税の計算上は有利になる。このため、相続税対策としての活用を促す税理士事務所などもあるが、それぞれの家庭の事情によって、有利かどうかは変わってくるので、慎重に判断する必要がある。

私は、これを利用する人がいるのかどうか、疑問視していた。しかし、初年度は300件程度であったが、その後毎年900件程度の利用者がいるので、それなりの効果があるようだ。ご心配な方は一度検討してみてほしい。私のように、結婚20年以上経過した夫婦の贈与税の特例を利用して、家屋を奥様に贈与されている方は、くれぐれも奥様を大事にされて、先立たれないようにしなければならない。

45
危ない相続税回避策

「いや〜、逆転の逆転でびっくりじゃ〜」

「ご隠居、税金の話なら、あっしにも分かるように話してくださいよ」

「90歳の資産家がいた。このままだと、自分に万一のことがあると相続税がかかる。悩んでいると銀行が10億の不動産を相続税対策として買わないかと提案してきた。10億円も銀行が貸してくれるという」

「それがどうして相続税対策になるんで？」

「その不動産は、相続の時に通常適用される財産評価通達で評価すると、4億円程度なんじゃ」

「へえ〜、評価額の方が安いんだ。これで10億円が4億円に減る」

「それどころか、10億円も借りるんだから4引く10でマイナス6億円となり、他の財産6億円も相殺でき相続税はゼロ」

「な〜るほど！」

「だが、税務署は怒った。評価通達を使うとかえって不平等になるので、この場合は本来の時価に基づいて課税したのじゃ」

「今度は相続人が怒って争ったわけだ」

「一審、二審は相続人が負け。上告しても無理だろうと思っていたら、弁論が開かれた。弁論は普通、高裁判決を見直すときに開かれるので、皆びっくりしたわけだ。ところが、２０２２（令和４）年４月19日の判決はやはり相続人敗訴だったので二度びっくりだ」

「少し期待させておいてダメを強調するために高裁判決と同じ結論。にくいね、再高裁！」

（２０２２・４・21）


この事件は、相続税回避策として評価通達を「活用」してきた人たちを震撼させた。

相続税は相続によって取得した財産の価額を基礎に税額を求める。相続財産の価額はどうやって決めるのかというと、相続税法は「時価」で課税すると記載しているが、日本の相続法の考え方からすると、相続開始と同時に相続人たちの共有状態になるので、一般の取引のように、第三者間の売買があるわけではないのである。そうすると、時価というものが分からないので課税できないことになりかねない。そこで、「時価」と言えるものを課税庁が自分たちの課税のために作っており、これが「財産評価基本通達」と言われている。

法律ではなく、課税庁が課税のために作成したのだから、法律が定めている「時価」を超えるような評価額を出したら、即、違法ということになるので、慎重に、やや謙抑的に定めている。そのため、通常の場合の取引と比べると安い評価額が一般的である。

しかし、安めに評価したつもりでも、時々思わぬ事情により、時価より高くなってしまう場合がある。そのため、この評価通達には「総則6項」に次のような規定がおかれていたのである。

〈6　この通達の定めによって評価することが著しく不適当と認められる財産の価額は、国税庁長官の指示を受けて評価する。〉

こうして、安めに評価しているはずの通達による評価でも高くなってしまった場合の調整をしてきたのである。

こうして通達による評価が「時価」のように機能し始めると、今度は納税者の方がこれを利用し始めた。特に不動産の通達による評価額が安いので、現金を10億円持っているより、その現金で不動産を購入しておけば、ぐっと安くなるのである。それどころか、借入金をして不動産を購入すれば、マイナスになり、他の相続財産も減らせることになる。

この事件の被相続人は90歳の高齢の方だが、相続開始3年前に8億円の不動産を6億円の借り入れで購入。さらに相続開始の2年半前に6億円の不動産を4億円の借り入れで購入したのである。14億円の不動産を10億円の借金付きで購入したことになる。ところがこの不動産の通達上の評価額がとても安く、約3億5000万円にすぎなかったのである。そうすると、不動産と借金の合計はマイナス6・5億円になり、他の相続財産と相殺でき、相続税も払わないで済むことになる。

さすがにやり過ぎだと思った税務署は、この相続については、思い切って、評価通達より高い金額を適用するために総則6項を適用して、通達によらない高い価額で相続税の更正処分をしたのである。そこで、相続人たちはおかしいではないか、と争ったのだが、一審、二審では敗訴。そこで上告したところ、最高裁が弁論を開くことになったので、関係者はびっくりしたのである。というのは、通常弁論を開くというのは、高裁判決を覆す時なので、納税者が勝ち、前述のような節税策を最高裁が認めるように思われたからであった。

しかし、2022(令和4)年4月19日の最高裁判決は要約すると、予想に反して次のようなものだった。
①評価通達は、時価の評価方法を定めたものであるが、上級行政機関が下級行政機関の職務権限の行使を指揮するために発した通達にすぎず、これが国民に対し直接の法的効力を有するというべき根拠は見当たらない。
②従って、客観的な交換価値としての時価を上回らない限り、評価通達の定める方法により評価した価額を上回るか否かによって左右されない。
③平等原則違反が問題になり得るが、本件は実質的な租税負担の公平に反するというべき事情があり、合理的な理由があると認められるから、平等原則に違反するものではないと解するのが相当である。
弁論を開いたのは、おそらく、この総則6項についての初めての判断だったからだろうが、安易な通達利用節税策に警鐘を鳴らす意味もあったのかもしれない。

46
帰国できない

強きを助け、弱きをくじく国税庁の姿勢を示す事例を紹介してみたい。

このご夫婦は長いこと外国で働き、外国の公的年金をもらってきたが、老後は日本で過ごしたいし、日本でも外国の年金を受領できるので帰国。ご主人が亡くなり、相続税の申告をした。すると、税務調査があり、ご主人の死亡により外国から遺族年金を受けるので、その受ける「権利」（外国年金受給権）も相続財産だと言われる。年間500万円もらえる69歳の奥さんは、女性の平均余命を踏まえると、あと20年受けられるから、1億円を相続財産に加えろというのである。

実際にいくらもらえるか分からない金額に課税され、しかも、日本の遺族年金は課税されていないのにどうしてと聞くと、日本のは非課税規定があるが、外国のにはないという。そこで非課税規定を調べてみると、日本の場合も年金を受ける「権利」を非課税にしているわけではなく、完全に読み間違いをしている。私も加わり、説明をすると、理由を二転、三転、四転。理由がないから、課税処分はやめたらと言うと、処分しないと私が処分されると言い、強引に処分をしてくるのである。

これが今、日本中で起きている。だから、外国で働いてきた高齢夫婦たちは帰国できないでいる。国税庁長官か、国会議員さん、誰かが早く誤りを是正してあげないと生きて日本の土を踏めないよ!

（2024・3・21）

これは、執筆時（2024〔令和6〕年）に日本中で起きている問題で、法律的には、税務署の判断は間違えているが、裁判で決着をつけるしかない状態で、争いが始まったところである。読者の周りにこのような方がいたら、早めに知らせて、決着がつくまでは帰国をされない方が良いと伝えてもらうしかない。

日本の国税関係者が自発的に改めることを期待しているのだが……。

47

戦死か陣没か

戦前の相続税法には「軍人軍属ノ戦死又ハ戦争ノ為受ケタル傷痍疾病《しょういしっぺい》ニ起因シタル死亡ニ因《よ》リ相続《そうぞく》開始シタルトキハ相続税ヲ課セス」という規定があった。

この規定には、「但《ただ》シ傷痍者又ハ疾病者ニシテ負傷又ハ発病後一年ヲ経過シ死亡シタルトキハ此《こ》ノ限ニ在ラス」という但し書きがあった。1年以上生存できそうな場合、悩む人がいたのではないかと考えてしまう。

さらに、軍人・軍属でなければならないから、一般人が戦争被害で亡くなっても対象外だ。また、軍人でも「戦死」の場合に限定されているから、いわゆる陣没の場合は、非課税にならない。戦地で病死したり、事故死した場合のことだ。当時の新聞を調べると、「A少佐〇〇戦線で壮烈な戦死」と報道されている場合と「B中尉〇〇病院で陣没」と報道されるものに区別されていた。後者だと、相続税は課税されることになる。1942（昭和17）年にボルネオ沖で搭乗機が消息を絶った前田中将の死は

「陣歿《じんぼつ》」と発表された。犬猿の仲だった東条英機の指示により、加賀・前田家の財産を相続税で吸収しようとしているとの噂《うわさ》が立ち、陸軍が激怒して「戦死」に変更されたというエピソードも残されている。

1946（昭和21）年の改正でこの非課税規定が撤廃されてから77年。もう二度と規定されないことを願う！　（2023・8・17）

日本の相続税法の中で、憲法の平和主義をもっとよく表しているのが、非課税規定に「戦死」の規定がないことだ。戦争を放棄しているのだから、戦死はあり得ないからである。

これに対して、戦前の相続税法の非課税の中には「戦死」がちゃんと明記されている。ただ、ここでいう戦死とは戦闘行為で亡くなることで、戦場で病気で亡くなるとか、行方不明になるなどの「陣没」は含まれていなかったのである。こういう区別があることを知ったのは次の旧加賀藩当主であった前田中将の長女による手記の記述からである。

〈東条英機と犬猿の間柄と噂されていた父が「東条は宰相の器ではない。あれでは国を滅ぼす」と危ぶんでいたが、その本人を目前に見た私も「日本は大丈夫なんだろうか……」と慄然としたのだった。

当初、父の死は〝陣歿〟と発表され、後日〝戦死〟の訂正発表がなされた。陣歿であると相続税を払わねばならないが、戦死だと免除される。

百万石の相続税は莫大だから、故意に陣歿扱いにしたのではと国会で問題になり、河田大蔵大臣が「陸軍のお指図次第」と答弁して、戦死に変更されたのである。〉(酒井美意子『ある華族の昭和史』主婦と生活社、1982年、153頁、武田昌輔『東西税金ばなし』清文社、1997年、82頁より)

相続税法の非課税規定に「戦死」が永久に入らないことを心から願う。

第五章

間接税・地方税

返礼品
おすすめランキング
ふるさと納税
返礼品
人気ランキング
2位
3位
4位
住民の声
○○市の取り組み
市長インタビュー

48
ビール党に朗報！

日本ではビールは舶来の高級酒だった。冷蔵庫の普及により一般家庭でも飲まれるようになったのに、政府は高級酒としての高い税率を見直さなかった。そこで業界がとったのは、原料を少し変え、ビールの定義に該当しない発泡酒を造ることだった。予想以上に売れたので、政府は慌てて発泡酒の税率を引き上げた。やむなく業界は第三のビール等を開発し、政府はさらにそれらの税率の引き上げを行ういたちごっこが続いてきた。

しかし、ビール系の税率は2026（令和8）年までに段階的に統一されることになった。ビールの税率を少し下げ、第三のビールなどの税率を引き上げ、どちらも1缶（350ミリリットル）当たり55円程度になる。税率のために第三のビールを造るインセンティブはなくなると思っていた。ところが、つい最近公表された大手ビールメーカーの新商品をみると、減るどころか第三のビールの販売ラッシュであった。税率が同じになっても良質な原料を使えばコストがかかる。おまけに消費税の引き上げも考えねばならない。やはり値段の差が決定的なようだ。

この値段の差（30円程度）を埋める税制はあるか？　良質な原料を使った本来のビールの税率を30円安い25円程度にすれば良い。日本の業界は高い技術力を持つ。国産の大衆酒として、世界を相手に勝負すべき時代ではないか。（2019・1・17）

日本のビールの税率は異常に高かった。ビール＝高級の舶来酒のイメージで税率が決められてきたからである。このような高い税率に対するビールメーカー側の抵抗が1994（平成6）年頃から始まった。消費者に安く売るためには、酒税法上は「ビール」として課税されないビールを造ればいいではないか、ということになったのである。

「ビールとして課税されないビール」とは一体どういうものだろう。日本の酒造りを規制した法律は酒税法しかなく、この酒税法は税金を取るために酒の種類を区分しているだけなので、酒の分類には相当問題が多い。ビールの定義も「麦芽、ホップ及び水を原料として発酵させたもの」という本来のビールに、「麦芽、ホップ、水及び麦その他の政令で定める物品を原料として発酵させたもの」も加えている。副原料を入れてもいいわけである

表　酒の種類と酒税額（350 ml 当たり）（出典：zeimo.jp/article/34743）

	改正前	1 回目 2020 年 10 月	2 回目 2023 年 10 月	3 回目 2026 年 10 月
ビール	77 円	70 円	63.35 円	54.25 円
発泡酒 （麦芽比率 25% 以上）	62.34 円	58.49 円	54.25 円	→
発泡酒 （麦芽比率 25% 未満）	46.99 円	→	→	54.25 円
新ジャンル	28 円	37.8 円	46.99 円	54.25 円

が、「その原料中当該政令で定める物品の重量の合計が麦芽の重量の10分の5を超えないものに限る」（旧酒税法第3条第7号イ、ロ）とされていたのである。つまり、副原料を使ってもいいが、麦芽の量の半分（ビールの麦芽比率は全体の3分の2）までだ、というのである。

それでは、麦芽の量の半分より少し多く副原料を使ったらどうなるのだろうか。その場合は、酒税法上はビールではなく「雑酒」に分類された（現行法では「発泡酒」に分類されている）。そうすると、高いビールの税率は適用されず、雑酒の税率になり、しかも味もそう変わらない。その結果、税負担の差がそのまま小売価格の差に反映した商品を販売できる、ということになったのである。

慌てた財務省はこれらの類似ビールの税率を引き上げて規制したが、業界もさらにその規制からはずれる新製品を作り出し、その後もいたちごっこが展開されてきた。ようやく2026

（令和8）年までに、ビールや発泡酒などの発泡性酒類の税率は段階的に改正され、350ミリリットル缶については、表のような酒税に統一されることが決定された。2023（令和5）年10月の2回目の改正に際して、ビールの値段がさらに下がってきたことで、ビール販売量は市場全体で大きく伸びた。やはり消費者は本物のビールを呑みたかったわけだ。

49 出国税の理屈

同じ税でも使途が変わると業界は豹変《ひょうへん》するのか。2019（平成31）年1月7日から国際観光旅客税（出国税）が課されることになった。納税義務者は出国する人だが、航空会社や船舶会社に特別徴収義務を負わせ、チケット代に1人1回1000円を上乗せして徴収する。

税の原理からすると決して不合理ではない。国内の旅行には消費税が課されているのに、国際線になるとどの国でも課税できないからである。だから、フランスなどでも国際航空券に独自の課税をしてきた。ただ、税収は主にユニットエイド（UNITAID）という国際機関に拠出され、エイズ等の感染症で苦しむ途上国への医薬品供給目的に使われてきた。国際線を利用する人には国際的援助に貢献してもらいたい、ということだ。日本でも市民団体や外務省がこのような税制の導入を望み、民主党政権下で検討したが、航空業界の大反対で一蹴された。

それが、今回は一転。同じ税制で、使途を国内の観光施設整備等に使うものに変えただけなのに、あっさり成立してしまった。使途を調べると、税収500億円のうち、観光庁に配分されるのが233億円と他省庁を圧倒。この観光庁は国土交通省の外局。同省大臣は航空業界の国際線路線等に関する許認可権限を有している。豹変の原因は使途だけではなさそうだ。（2019・1・10）

2019（平成31）年1月7日、新税「国際観光旅客税（出国税）」が施行された。国税の新税は地価税以来、27年ぶりであった。

納税義務者は、「本邦と外国との間において行う観光旅客その他の者の運送に使用する船舶又は航空機（各国の政府又は地方公共団体が使用する船舶又は航空機であって公用に供されるものとして政令で定めるものを除く。）」により本邦から出国する観光旅客等である。要するに、観光客が出国するときに負担してもらう税金で、1回1000円である。

この種の税の考え方自体は合理的かもしれない。なぜなら、東京―札幌間の飛行機代には消費税がかかるのに、東京―パリ間の飛行機代には消費税を課すことができないからである。消費税はそれぞれの消費国で課税するので、国境をまたぐ行為には課税できないという制約があるからである。

しかし、どちらが贅沢な行為かと問われれば、やはり国外旅行であろう。そこで、フランス等では、この種の国境を越える経済活動に対しては地球規模の課題の資金調達を目的に課税すべきだという議論が起こり、2006年より10カ国ほどで航空券連帯税として実施されることになり、その税収は、途上国の3大感染症といわれるエイズ・結核・マラリアなどの医薬品供給の財源にされてきた。

そこで、日本でも民間のNPO団体などがこの種の税の導入を求め、民主党政権の時に具体的課題にしたが、航空業界の反対が強く、なかなか実現できなかった。それが突如、自民党政権下で、観光客増大が、国家戦略の一つに掲げられるようになった途端、同じ仕組みの税金が名称を変え、しかも使途をオリンピック対策としての観光施設の整備に変えて導入されたのである。

国際社会の連携のために課税するのと、自国の観光施設整備のために導入するのとでは、同じ税でも、情けないほど、目的に差がある。

導入後、コロナ禍で、観光客が激減したが、2023(令和5)年度は過去最高の400億円規模の税収になるようだ。

50 公売にご用心

「ご隠居、数字を見ながら、渋い顔。どうなすったんで?」

「う〜ん、小樽市が土地と建物を公売に出したので、それを落札した人がいたのじゃ」

「おいくらで?」

「鉄筋造だが、ぼろぼろだったので、小樽市の建物見積価額が2700万円程度だった。その後、不動産取得税や固定資産税がかかるが、その評価額がいくらだと思う？」

「公売は時価の3割安だから、評価額は3900万円ぐらいかな？」

「なんと、3億3000万円だったんだぁ！」

「ひえ〜、じゃあ、安く買わせて、固定資産税をがっぽり取ろうという魂胆だったんですか」

「計算の根拠を示せ、と小樽市に不服申立したら、市の固定資産評価審査委員会は、資料は紛失して無いが、数字は正しいと推認できるし、公売と固定資産評価とは制度が違うので、こんなに違っても適法だって」

「え〜、そりゃサギですぜ！　委員の連中は専門性がない上に、小樽市の顔色ばかり見てやがる」

「せめて、公売の時に取得後の評価額や毎年の税額（約450万円）を知らせるべきじゃの」

「知ったら、誰も買わねえな〜。アッそうか！　小樽で公売に応じたのがそもそもいけねえんだ」

「おや、どうして？」

「小樽はキツくて有名じゃねえですか。特に市役所そばの道は地獄坂というほど過酷ですぜ、勾配が！」（2022・4・14）

自治体の公売などで落札すると、落札価額と比べて、固定資産税の評価額が異常に高いことが少なくない。疑問に思って、専門家に聞いても、制度が違うからと一蹴されてしまうことが多い。しかし、実は、これは自治体が評価をサボって、吹きさらしになっていることや荒れ果てたものまで、経年減価でしか評価していないために起きている現象だ。ようやく、裁判所がこういう自治体のおかしな評価を違法と判断し出して、最高裁もこれを支持した（2024〔令和6〕年10月2日上告不受理決定）。

これで、これまでの自治体のいい加減な評価が是正されることになりそうだ。読者もおかしいと思ったら、一度調べてみてはどうだろうか。

51 高速道路無料化の夢の夢

ビアスの有名な『悪魔の辞典』にも「高速道路料金」は解説されていない。100年以上前に書かれたものだからやむを得ないかもしれない。

【高速道路料金】

永遠に実現しない夢で特権を維持しながら徴収されている料金。民営化の嘘《うそ》の一つ。

★悪魔の恐ろしい解説

旧道路公団は2005(平成17)年に民営化の象徴として高速道路料金の無料化を打ち出していた。ところが、2012(平成24)年12月に起こった笹子トンネルの天井板崩落事故で、道路施設の老朽化問題が表面化してしまった。あわてた政府は無料化を2050年からではなく、2065年からに延期した。

ところが、老朽化の事態はもっと深刻だったため、ついに2023(令和5)年1月、国交省は無料化を2115年からに延期した。事実上の無料化断念と言えば良いのに、なぜか無料化目標だけは維持している。これは、どうやら、固定資産税非課税の恩恵を受けたいからのようである。民営で有料なら道路にも固定資産税は当然かかるが、民営化と同時に将来無料化するという条件で固定資産税非課税の特権を受けていたのである。確かに、道路に固定資産税が課されたら民営化は難しい。しかし、天下り先を確保し非課税の特権まで維持したいなら料金を無料化するのが筋だ。
約束の延期を庶民がすると嘘つきと言われ、役人がすると夢として優遇され続ける。
(2023・1・19)

高速道路については無料化することはどうもなさそうだ。2023(令和5)年1月頃に延期の方針が示され、この年の5月に法律も通った。

〈高速有料期間　最長2115年まで延長へ　改正法　参院本会議で成立

高速道路はこれまで2065年までは有料でその後無料化される予定でしたが、その期間を最長で2115年まで延長することを盛り込んだ改正法が参議院本会議で可決・成立しました。無料化の実現は一段と厳しくなります。全国の高速道路は、建設費を賄うための借り入れを利用者の料金収入で返す仕組みです。これまでの制度では2065年までに返済しその後、無料化するとしていました。

この期間を最長で50年延長し、2115年までとすることなどを盛り込んだ改正法が31日の参議院本会議で賛成多数で可決・成立しました。有料期間の延長が必要な理由について政府や高速道路各社は、道路の老朽化が深刻化し、修繕などの更新工事に新たに1兆5000億円が必要と試算され、こうした

費用の確保のためだとしています。〉（NHK 2023年5月31日）

高速道路を無料化するのはありがたいのだが、他方で、道路の老朽化に伴う事故等のないように万全を期す必要もあるので、無料化になぜそんなにこだわるのか疑問でもある。

そもそも、2005（平成17）年に道路公団を民営化したが、そのときのスローガンは「民間ノウハウの発揮により、多様で弾力的な料金設定や多様なサービスを提供する」ことにあったのだが、民営化すると道路が事業用資産になるので、固定資産税の対象になってしまうのである。鉄道事業だって大変な負担をしているわけなので、道路だって同様だということになる。しかし、道路に固定資産税が課されたら、その負担も大変で、年間数千億円になり、料金等への跳ね返りも懸念されることになる。

しかし、民営化というのはそういうコストも含んだ上での経営ができるということで踏み切ったはずなのに、東日本高速道路株式会社、首都高速道路株式会社、中日本高速道路株式会社、西日本高速道路株式会社、阪神高速道路株式会社及び本州四国連絡高速道路株式会社（＝「高速道路株式会社」）の道路については不動産取得税、固定資産税、都市計画税の非課税措置が特例として時限的に認められ、その時期が来ると、毎回延長を申請しているのである。その非課税の特例を受ける理由として「将来無料にします」ということを約束してきたわけだ。これでは、民営化というのはどうも怪しい。

高速道路の安全性を考えれば、無料化方針を正式に撤回し、永久有料化にして、修繕等をきちんと行った方が良いとも思われるが、その場合は、課税を免除されている固定資産税の扱いも検討されることになる。だから、「将来無料にします」という嘘をつき続けねばならないのだ。

道路というのは公的なものだから、固定資産税を非課税にしても、国民は怒るまい。しかし、その場合は、民間ではなく、旧道路公団のような公的な性格を持たせた方が健全である。結局、なんのために、公団を民営化したのか、よく分からないのである。

52 鉄道と固定資産税

「ご隠居、何を唸《うな》っているんで？」

「う～～ん、地方の鉄道事業は大変じゃ～」

「一体何のお話で？」

「津軽鉄道と五所川原市長が対立して、これまで市が3年ごとに行ってきた固定資産税の免除措置を1年間に限定するそうじゃ。抜本的な経営改善を求めているようじゃ」

「えっ、鉄道会社も固定資産税を払うんですか？　あの線路が敷かれている土地に？　そんなことやったら、大変な負担になるじゃないですか？」

「そうじゃよ。鉄道会社にとっての大問題だ。東京の私鉄は1社60億円程度負担しているし、ＪＲ東日本だと８００億円は超えているようじゃ。それでも利益が出るのはそれだけ利用客がいるということだ」

「津軽鉄道はいくら免除されてたんで？」

「４８０万円のようだ」

「あらら、地価が低いからですかね」

「それでも、鉄道事業自体では赤字で、補助金でなんとか経営を続けてきたようだの」

「そもそも人口が減ってきている地域では、手の打ちようがねえ」

「確かにの〜」

「あっ、裏金をもらった議員たちに津軽鉄道車内政治パーティーを義務づけ、パーティーで集めた資金を寄付させる、ってのはどうですかね。85名もいるから、いいかも」
「津軽鉄道に寄付して、そのあと、バックさせるから変わらんだろうの〜」
（2024・3・7）

固定資産税はシャウプ勧告によって1950（昭和25）年にそれまでの地租や家屋税などを整理統合して地方税として創設された税である。統合された税には、電柱税とか軌道税なども含まれていた。電柱税は電力会社に対して1926（大正15）年から課され、工場などの多い自治体の税収になっていた。軌道税は鉄道会社に対して線路の重さなどを基準に課税をしてきた。固定資産税の課税対象に土地・家屋と償却資産が含まれているのはそのためである。

そうすると、土地と償却資産を大量に抱える事業は、固定資産税負担が経営上の大きな問題になることになる。特に、鉄道事業は大変な負担になる。いくら民間企業といっても、原則どおり課税されたら、鉄道事業は成り立たないかもしれない。だから、鉄道事業に対

表　鉄道に関係する一般税制（2024（令和6）年4月1日現在。出典：国土交通省統計より）

項目	税目	措置内容	根拠条文
市街地区域または飛行場及びその周辺区域内のトンネル	固定資産税	非課税	地方税法第348条第2項第2号の5
踏切道・踏切保安装置	固定資産税	非課税	地方税法第348条第2項第2号の6
既設の鉄軌道と道路とを立体交差させるために建設された施設	固定資産税	非課税	地方税法第348条第2項第2号の7
市街化区域における地下道・跨線道路橋	固定資産税	非課税	地方税法第348条第2項第2号の8
河川等の工事に伴い新設又は改良された橋梁及び新設されたトンネル等に係る鉄道施設	固定資産税	5年間1/6、その後5年間1/3（水資源機構に係るものは、5年間2/3、その後5年間5/6）	地方税法第349条の3第14項
鉄軌道事業の本来事業用施設	事業所税	非課税	地方税法第701条の34第3項第20号
鉄軌道用地の評価	固定資産税	沿接する土地価格の1/3評価	平成19年総務省告示第195号

表　各鉄道会社の固定資産税額

鉄道会社	固定資産税額
JR東日本	824億円
JR西日本	296億円
東京地下鉄	107億円
東武鉄道	79億円
近鉄	52億円

しては、多くの特例があるのである（前ページ表・上）。特例があるとは言っても、鉄軌道用の施設等は大変なものとなる。一体、いくらぐらい負担しているのだろうか？　２０２０（令和２）年度の国土交通省の鉄道統計等を調べてみると、地方税として示されている数字の大半が固定資産税になると思われるが、それによると、次のような数字になっている（前ページ表・下）。大手となると、大変な税負担をしていることになるわけだ。こういうことを理解して電車に乗ると、見える景色が違ってくるかもしれない。

53　ゴルフ場利用税

ゴルフとゲートボールの違いがよく分からない。どちらも止まったボールを的にめがけて打っているだけだし、のんびり歩いて移動するので健康には良さそうだが、野球などとはかなり違う。

ところが、２０１６年のリオ五輪で競技種目に復活してから、国会議員が健全なスポーツにゴルフ場利用税を課すのはけしからんと再三騒ぎだしている。超党派のゴルフ議員連盟と自民党のゴルフ振興議員連盟が会合を開き、この税を廃止するための議員立法を議会に提出し、しかも、国家公務員と利害関係者とのゴルフも解禁するそうだ。

ゴルフ場利用税の税収は約460億円。1人1日平均650円の負担で、18歳未満や70歳以上の人は非課税だ。違憲だとして争った人に対して、最高裁は1975（昭和50）年判決で富裕層が利用の中心をなし、料金も高額だし、この高額料金を払える人がゴルフ税のためにプレーを断念するとはとうてい考えられない、として一蹴している。

事情は今でもあまり変わっていない。70歳以上の非課税老人の多くがゴルフを楽しめるわけではない。料金等が高すぎるからだ。スポーツに課税するのは、確かに問題だが、税を廃止する前に、市民が誰でも利用できるゴルフ場にするのが先決ではないか。

（2019・2・7）

〈ゴルフ場利用税は、ゴルフ場が、開発許可、道路整備、防災、廃棄物処理などの地方公共団体の行政サービスと密接な関連を有していること、また、ゴルフ場の利用料金は、他のスポーツ施設の利用料金と比較して一般に高額であり、その利用者の支出行為には、十分な担税力が認められることに着目して、ゴルフ場の利用者に課税する普通税です。〉（総務省HP）

ゴルフ場利用税の前身は入場税であった。１９５４（昭和29）年に地方税から国税に移されるときに、第三種の施設とされていた「ゴルフ場、パチンコ場、マージャン場、ビリヤード場など」が地方税の娯楽施設利用税として残され、その後１９８９（平成元）年の消費税導入を契機に、パチンコ場、マージャン場、ビリヤード場等への課税は廃止され、ゴルフ場だけが取り残され、名称もゴルフ場利用税と改められた。

パチンコ場、マージャン場、ビリヤード場というややギャンブル色の強いものが廃止されたのに、スポーツとしてのゴルフ場利用にはなお課されていること、しかも、今日では、オリンピックにも採用されたスポーツでもあることを考えると、課税を継続する合理性があるかは確かに問題になっている。

最高裁が１９７５（昭和50）年に「ゴルフはスポーツであると同時に娯楽としての一面をも有し、……なお特定の階層、とくに高額所得者がゴルフ場の利用の中心をなしており」と述べ合憲だとしたが、現状はどう変化してきているのだろうか？

この税は道府県税とされながら、実際はその7割が市町村に交付されているもので、零細自治体の代わりに都道府県が徴収し、零細自治体に配っていることになる。その市町村はゴルフ場からかなり高額な固定資産税も徴収しているので、ますます、疑問が出てくるが、固定資産税は経営者に対する課税で、ゴルフ場利用税は利用者に課税するものだから性質が異なる、と反論されるかもしれない。

スポーツ庁はスポーツに課税することへの批判を強めているが、なかなか廃止にならない。その理由は、現在でもゴルフは贅沢《ぜいたく》なスポーツであるということではなく、ゴルフ場所在地は他の税収が期待できない市町村が多く、零細市町村からの廃止反対論と3割のおこぼれが入る都道府県の廃止反対が強いだけのようだ。

54 空き家税という逆説

「ご隠居、京都市の空き家税構想に総務大臣が同意したとか?」

「正式名称は『非居住住宅利活用促進税』といい、空き家だけではなく、別荘など、住宅なのに居住者がいない建物が対象だ。だから、東京人でも相続で親の家が京都市にある場合や、京都市に別荘を持っている人は対象になるぞ」

「ま、別荘をお持ちの富裕層が負担するのはともかく、京都の家を相続する場合は困りますぜ」

「相続の場合は3年間の徴収猶予があるので、それまでに譲渡か、事業活用を考えるかの〜」

「別荘に課税されるとなると、御所は？」

「これこれ、あれは京都人にとっては本宅だ。今は、東京に出張されているだけじゃ。そもそも固定資産税も非課税だから問題にならない」

「別荘を持つ富裕層は租税回避を考えるな。まず住民票を京都市へ！」

「実態で判断されるから、うまくはいくまい」

「愛人を住まわせる」

「う〜ん、京都市を誤魔化《ごまか》せても、奥さんに見つかってしまうの〜」

「電気をつけっぱなしにし、周りの住民に口止め料を払うってのは？」

「税金払ったほうが安くなりそうだの〜」

「京都市の税収はガッポリ？」

「課税対象件数は1・5万件で10億円の税収予測だが、将来は空き家がなくなることが目標だ」

「てぇことは、目指す税収はゼロかぁ！」

（2023・3・30）

京都市が2023（令和5）年春に導入した空き家税は京都市の市街化区域内に家のある人々、特に親が住んでいたが、自分たちは仕事のためにその家に住めない人たちに衝撃を与えた。もっとも、この税は2026（令和8）年から施行されるので、それまでに十分対策を練っておくことはできそうだ。

この税を導入した理由は、京都市内の住宅価格の高騰などにより、結婚・子育て期（25～39歳）やその子世代（0～4歳）の人口が、近隣都市に多数流出しているためだそうである。確かに、若者が京都で住居を取得するのは大変である。

対象になるのは、市街化区域内に所在する非居住住宅の所有者で、「非居住住宅」というのは、空き家のほか、別荘やセカンドハウスなどの「生活の本拠を置いている人（居住者）がいない住宅」ということになる。住民票を京都にしていても、実際に生活していなければ該当するので、要注意である。

親の住んでいた家を相続したのだが、仕事の関係で京都には住めない人は、そのままにしておくと通常の固定資産税に、その0・5倍の税負担がかかることになる。これをどうしても避けたいなら、売却するか、事業用の家屋に切り替え、例えば、賃貸用物件にする等の対策を考える必要がありそうだ。おそらく、空き家税を避けるためのいろいろな秘策が創出されるのではないだろうか。

家の所有者が所有したまま認知症などになって施設に入った場合など、減免措置は設けるようだが、家を処分したりすることなどが難しくなるので、そうなっても大丈夫なように家族信託などの契約をしておく必要があるかもしれない。

京都に別荘を持つような人であれば、固定資産税の半分程度の負担増はそれほど重荷ではないであろうから、今後も持ち続けそうでもある。導入前後に京都の街がどのように変化するか、皆さんも注目しておいてほしい。

このような税制は収入を得ることが目的ではなく、空き家を減らして税収が少なくなることをめざしていることになる。

減るどころか、税収ゼロを目指す税制もある。宮城県が2024(令和6)年4月から独自に施行する「再生可能エネルギー地域共生促進税」がそうだ。課税対象は0・5ヘクタール超の森林を開発する太陽光・風力・バイオマスの発電施設である。エネルギー種別ごとに利益の2割程度となる税率を定めているが、同時に次の場合は非課税になるとしている。

〈①その全部が、地球温暖化対策の推進に関する法律に規定する認定地域脱炭素化促進事業計画に基づき使用されるもの、②その全部が、農林漁業の健全な発展と調和のとれた再生可能エネルギー電気の発電の促進に関する法律に規定する認定設備整備計画に基づき使用される場合のもの、③以上に準ずるものとして市町村長が認め、知事が認定した事業計画に基づき使用されるもの〉（宮城県環境生活部再生可能エネルギー室の資料より）

つまり、森林を勝手に大規模に伐採する事業には課税するぞ、でも、地域と相談して共生していこうという事業なら非課税にするよ、というわけである。地域と相談して調整してくれれば、あとからでも減額する措置も定めている。

狙いは税金を取るためではなく、取らないで済むように、地域と共生を図ってもらい非課税になってほしいのである。

伝統的な税と異なり政策誘導税制は、効果があればあるほど税収は減る。5年間の試みだが、税収ゼロが実現するか？

55 ふるさとNO税

ふるさと納税制度で多額の返礼品を提供している4市町に対し、総務省は2019（令和元）年3月、突如特別交付税を削減するという奇策をとった。実質的ペナルティーである。

ふるさと納税制度は、2008（平成20）年に導入された制度で、当初はそれなりに画期的であった。何よりも、私たち納税者が、応援するふるさとに寄付をし、その分住民税などが減額されるので、自分の税金の使い道を自分で決定できる要素があったからである。

ところが、事態は思わぬ方向に進んでしまった。自治体が提供する返礼品に関心が集まり、自治体の政策を支えるためでなく、どの自治体に寄付すると返礼品と減税額を合わせて得になるか、という「お得度」を競う制度になってしまったからである。

これは制度として完全な失敗だ。本来自治体の優れた政策、例えば文京区の「こども宅食プロジェクト」に共鳴した納税者が、自分の住民税の一部を回すことを認めるもので、儲《もう》けるためのものではない。どうして税や寄付で見返りを求めようとするのだろう。

制度を根本的に改めるべきだろう。住民税の税率を1％引き上げて、その1％部分は各自治体の施策リストから納税者が選択して回せるようにすべきだろう。

えっ、それでは「ふるさと増税」ではないかだって？　いいえ、増税ではなく「ふるさと贈税」です！

（2019・3・28）

「ご隠居、ふるさと納税がますます増えているようですぜ。ありゃ一体、税なんですか？」

「おっ、良い質問じゃの〜。税とは何か！　その本質に迫る鋭い質問だ」

「へへへ、何なんで？」

「ふふふ、分からん」

「え〜〜？　ご隠居、もうぼけちゃった？」

「日本の法律には税を明確に定義した規定はない。だから、国民健康保険税という奇妙な税もある。税として徴収すれば税になるのじゃ」

「え〜？　なにそれ」

「ちゃんと定義している国もある。ドイツの租税基本法は『税とは、特別の給付に対する反対給付ではなく、法律が給付義務をそれに結びつけている要件に該当するすべての者に対し、収入を得るために公法上の団体が課す金銭給付をいう』と定義している。一番重要な点は、具体的な給付に対する反対給付ではないことだ。この点で使用料・手数料などとは異なる」

「てえと、返礼品目当ての納税というのは税の納付ではない？」

「元々は納税者が使途を決められる点に意味もあったが、今では具体的返礼品目当ての支払いになってしまった。だから、合法的脱税とか、官製通販と言われておる」

「誰のせいでこんなことに。政府？　政治家？　それとも官僚？　あるいは自治体のせい？」

「ネーミングだの」

「？」
「ふるさとのせい」（2021・12・23）

2008（平成20）年に始まったふるさと納税は、当初は、ふるさとなどの地方自治体を応援するため、納税先や使い道を決められるというものだった。納税者が税の使い道を決められるという点に、意味があった。私のところに、ドイツ人記者が来て、これを税と言えるのか、評価できるのか、と尋ねられたとき、私は納税者に使い道に関心を持たせるという意味で評価できると答えた。しかし、この制度は当初の趣旨とは異なりはじめ、返礼品目当ての税負担回避策に変質し、今では、返礼品目当ての「官製通販」と言われる状態となっている。しかも、高所得者ほど多くの返礼品がもらえるため「富裕層減税」措置になってしまっている。

インターネットで検索すると、ふるさと納税関連業者（仲介サイト）がうまみのある仕組みを盛んに報道し、自治体間の競争を煽《あお》っている。国と自治体の競争ではなく、自治体間の競争なので、寄付が増える自治体の分は寄付した者の住んでいる自治体の税収の流失になる。2023（令和5）年度の場合、最多は横浜市の約304億6700万円、次いで名古屋市の約176億5400万円が流失している。しかも、経費率は多くの自治体が5割近くに達し、住民サービスに使うべきふるさと納税された税金の半額ほどが経費として消えている。

総務省も何度も制度を修正し、2025（令和7）年10月からは業者が出しているポイント制を禁止するとしているが、寄付で減税とおまけ（返礼品）という基本構造が変わらないため、また別の仕組みが作り出され、事態はますます深刻になっていくように思われる。

第六章

税と社会をめぐる理想と現実

56 税務署は給付もする?

家にこもって漫画『夏子の酒』(尾瀬あきら作)を読み直しながら吟醸酒。良い気持ちになると、「天国よいとこ一度はおいで、酒はうまいしねえちゃんはきれいだ、ワーワーワー」(ザ・フォーク・クルセダーズ「帰って来たヨッパライ」)なんて口ずさんじゃう。古いね、どうも。ウィッ!

すったもんだのあげく一律10万円給付が決まったが、いつ実施するんだろう。すでにマイナンバーがあるのだから、番号と口座を税務署に通知して、すぐ振り込んでもらえばいいのに。元々、あの番号制度は民主党政権の給付付き税額控除制度、つまり税務署が低所得者に給付をする制度と一体のものだった。税務署は取るだけではなく、給付もするのだ。消費税を徴収するが、消費税額控除を通じて低所得者には消費税負担分を給付する。こうして税金がみんなに役立つと実感してもらうものだったんだ〜。そうしておけば、今ごろはマイナンバー制度と口座を紐付《ひもづ》け、政府が10万円支給を決断したら、すぐ各自の口座に10万円が税務署から支払われ、「税務署よいとこ、一度はおいで、金はくれるし……」なんて歌われていたかもねー。ウィッ！

政府が国民のための政治をしている実感がないから、右も左も、富者も庶民も番号嫌いが多い。でもね、番号は使い方次第で、マ〜イイナンバーにもなるんだよね〜。ウィッ！

（2020・4・23）

自民党政治と民主党政治の違いは、税制面で見ると、給付付きの税額控除を前提として、税制・社会保険料の一体的調整を目指すか否かだったように思われる。

消費税が税収の第1位になることを前提とすると、どうしても逆進性が問題になる。その逆進性を解消するためには、これまでの研究や実施例から軽減税率が意味のないことはすでに明らかになっており、税制全体の中で調整する場合は、給付付き税額控除しかないと思われていた。そこで、民主党はこの方向を採用しようとした。これは、簡単に言うと、健康で文化的な最低限の生活にかかる消費税を所得税額から控除し、その差がマイナスになる場合には給付し（例えば10万円）、まず未納の社会保険料等（－7万円）に充当し、さらに残りがあれば給付（3万円）していこうとするものだった。税務署はもはや税だけを対象にするのではなく、保険料も扱い、どちらも徴収し、必要な場合には給付もできるようにしていこうという構想であった。

しかし、そのためには、各個人の所得の正確な把握が必要なので、番号制度を導入して、できるだけ正確な所得情報が得られるようにしたかったわけである。この仕組みは政府を信用していない人たちや富裕層には嫌われる。自民党議員やその支持層は富裕層だから、この方向は好まない。何度も番号制度を潰してきている。政権が自民党にひっくり返ってからのマイナンバーは与党の体質がよく出ている。この制度の前提には政府への信頼が不可欠である。

57 節税指南コンサル

「ご隠居、名古屋で国税公認の節税をうたい文句にしていたコンサルが摘発されましたぜ」

「節税はそもそも適法だから、公認という必要もない。何を指南したんじゃ？」

「コンサル料を多く払って、後で戻してもらっていたようで」

「なんじゃ、ただの仮装行為じゃないか。こんな手口に騙《だま》される会社があるのかの」

「騙されたという連中がまた面白い。ギミックパターンなんてとこは、2018（平成30）年に消費者庁から景品表示法に反しているので課徴金も食らってまさぁ」

「ほう、どんな商品を出しておったんじゃ？」

「必要なのは着けて寝るだけ！　足がどんどん細くなる魔法のストッキングとか、お腹《なか》をすっきりさせてくれるショーツ等です。あれ、ブラもありますね」

「寝てる間に胸が小さくなって売れるのかの？」

「いえ〜、こいつは寝ている間にどんどん大きくなるんだそうで」

「ほう、実に都合の良い素材じゃの〜。こうやって人を騙す連中がコンサルに騙されるかの？」

「おっしゃるとおりで、たぶん脱税指南と分かって利用したんですよ」

「こういう連中に、寝てるだけでどんどん税が減っていく、究極の節税方法を教えたかったの」

「おお、すげえ！　あれ〜、それって、寝てるだけで稼がないんじゃ？」

（２０２０・11・19）

「節税」をうたうセミナーがいつも数多く開催されている。節税コンサルなどと言われたら専門家のように思えてくるが、コンサルは誰でも名乗れるから、要注意である。こういうセミナーで引っかかって企業経営者らが脱税に手を染めてしまうことが毎年のように繰り返されているからである。

節税と租税回避と脱税には大きな違いがある。節税は法が認めている手段で税を軽くする行為で、租税回避というのは普通行わない（＝異常な）行動で税負担を減らすのだが、あくまでも適法な行為であることが前提となっている（適法だけど、普通やらない異常な行為である）。これに対して、脱税は違法な行為を行って税金を減らすのであるから、雲泥の違いがある。

この事件の「節税」策というのをよく考えれば理解しやすい。このコンサル会社によると、自社と業務委託契約を結ぶと、「コンサルタント料」として同社が請求書を発行し、その金額を経費として計上することで利益を減らし、節税できると持ちかけていたそうだ。本当に委託する業務があり、それにふさわしい料金なら全く通常の行為である。ところがこの会社は約130社と業務委託契約を結んだのだが、全くコンサルなどをせずに、請求書の金額の2割程度を得ていたという。請求書では100の金額を支出したことにし、それを経費にさせて、実際には20の支払いですませていたわけだ。これは極めて単純な仮装行為である。100の金額を経費で落とした会社が、実際は20しか払っていないことが分かってもまずいので、この会社は20も隠蔽していることになる。さらに、申告をせず約1億6600万円の所得を隠し、法人税約3900万円と消費税約2000万円を脱税したとして告発された。

脱税指南を受けた3つの会社も当然告発されている。架空の金額の請求書を書いていたら、それだけで、仮装隠蔽、違法行為だからである。社長さんたちは、節税だと思っていたと弁解しているが、違法行為が関係したら、節税ではないことを肝に銘じておく必要があるね。

しかし、その後も懲りずに同種の事件が数多く起きている。会場で、立派そうな人が、豪華な船に乗りながら、優雅に節税策のようなものを指南しているのを聞いているうちに、自分もやりたくなるのであろう。でも、結果は「節税」したはずの税額がかかるどころか重加算税まで加わり、青色承認も取り消され、下手をすると、起訴される可能性もあることを理解しておいてほしいものだ。

58　不正発見ランキング

1位　バー・クラブ
2位　外国料理
3位　大衆酒場、小料理
4位　その他の飲食
これ何の順位?

国税庁が「平成30事務年度　法人税等の調査事績の概要」を公表した。その中に「不正発見割合の高い10業種」(法人税)という恒例のランキングがあり、そこの上位4業種である。かつてはパチンコ業界が首位を独走してきたが、最近は改良されてきたようであり、前年同様7位にとどまっている。上位4業種は前年と全く同様。1位のバー・クラブの発見割合は70%で、2位以下は40%台でだいぶ差がある。

この割合は調査した法人の中での割合なので、すべてのバー・クラブの7割が不正をしているわけではないし、1件あたりの不正金額は小さく、金額のランキングでは欄外である（金額では輸入業界が1位）。

上位4業種はいずれも現金商売。だから、売上げを抜くのだろうと推測する読者が多いと思うが、それは甘い。売上げだけ抜いたら利益率が下がり、すぐに税務署に気づかれてしまう。だから、仕入れの方も現金で行い、それも抜く「両落とし」を行う（上田二郎『国税調査トクチョウ班』法令出版、2018年より）。

なるほど、それで政府も、「桜を見る会」の予算金額を変えずに、招待客の情報も抜く「両落とし」を行ったのか。そうしないと、不正発見割合が100%になるもんね。

（2019・11・14）

毎年11月にこの報告が出てくるが、2023（令和5）年の調査事績を見てみるとだいぶ変わってきている。法人税・消費税の調査件数であるが、次ページ表・上のように、一時コロナ禍で減ったのだが、だいぶ回復してきたようだ。

また、不正発見割合ランキングもだいぶ変わってきた。2022（令和4）年度の法人

表　実地調査の状況

項目＼事務年度等	令和３	令和４	前年対比
実地調査件数	41 千件	62 千件	152.3%
申告漏れ所得金額	6,028 億円	7,801 億円	129.4%
追徴税額	2,307 億円	3,225 億円	139.8%
調査１件当たりの追徴税額	5,701 千円	5,241 千円	91.9%

表　法人税で不正発見割合の高い10業種（令和４年度）

順位	業種目	不正発見割合（%）	不正１件当たりの不正所得金額（千円）	前年順位
1	その他の飲食	36.2	20,201	5
2	廃棄物処理	29.4	20,328	—
3	中古品小売	28.7	13,520	—
4	土木工事	28.1	16,666	4
5	職別土木建築工事	27.7	18,825	3
6	医療保健	27.6	11,941	2
7	一般土木建築工事	26.8	19,405	9
8	管工事	26.4	16,026	—
9	自動車、自転車小売	25.1	11,737	—
10	美容	25.0	10,791	6

税では前ページ表・下の通りとなっている。政治家業は出てこないのか？　出てくるわけない。だって、政治家は法人ではないし、裏金が発覚しても、税務署が調査しないからね。

59　国民負担率マジック

「ご隠居、日本の国民負担率が47・5％だって」

「おお、あの国民負担率かいな。消費税がある国の負担が重くなる癖のあるデータじゃが、日本も消費税や保険料が重くなっておるからの」

「もう半分も召し上げられ、これじゃ一揆だ、という声もありますぜ」

「やれやれ、それじゃOECDの半数以上の国で一揆が起きてなけりゃ、おかしいことになるぞ」

「でも、若者の稼ぎが半分も失われているというひろゆき氏のツイッターをわざわざ報道しているマスコミも……」

「若者の稼ぎの半分が奪われている？　若者ってそんなに稼いでるのかい？　若者と

いうと二十代だな。この世代平均年収は約340万円。独身の場合、所得税約7万円、住民税約14万円だ」

「あれ、話が違う？」

「もっとも、社会保険料が約50万円だからそれなりに重いな。消費税負担等もあるが、半分以上は楽に残るぞ」

「おっかしいな？」

「平均値だけで判断していることと、負担した分が何に使われているかの問題が抜けているんじゃよ。国民の幸福度が高いデンマークなどは7割に近いぞ。国民が負担したものが国民のために使われている実感がないから、国民負担率がそのままアレになっておる」

「アレ？」

「国民不満率！」


（2023・3・2）

2023（令和5）年2月に財務省が2022（令和4）年度の国民負担率が47・5%の見込みだと発表すると、国会でも「まさしく今や五公五民であり、まるで江戸時代に戻ったかのようです」と追及する人が出てきた。また、SNS上でも〈五公五民で百姓一揆が起こるレベル〉〈そのうち六公四民になる〉といった声が広がった。

確かに推移を見るとどんどん負担が上がっている（次ページ図・上）。

およそ半世紀前の昭和40年代は25％程度であったから、それとの対比では2倍近くになっていることが分かる。ただし、中身を見てみると、租税負担の増大というよりは社会保険の著しい負担増がこのような数字とつながっているようだ。この数字は元々、消費税を導入したかった財務省が消費税のない我が国の負担を他国よりも軽いことをアピールするために作ったもので、多くの国々では、対GDP比で負担率を示しているのである。それだと、2022（令和4）年度は34・7％になるわけで、ぐっと低くなる。

さらに、財務省型国民負担率で国際比較をすると、日本はまだ平均以下になる（次ページ図・下）。

欧州諸国の大半が日本よりも負担率は高いが、別に一揆騒ぎが話題になっているわけでもない。しかし、日本の社会保障の負担のあり方が問題なのである。社会保険と税金がごっちゃになっており、増税というと国民が反発するので、こっそり社会保険料を引き上げて調整してしまうようなことがますます増えているからである。保険料と税金の違いを明

図　国民負担率の推移（出典：財務省ウェブサイトより）

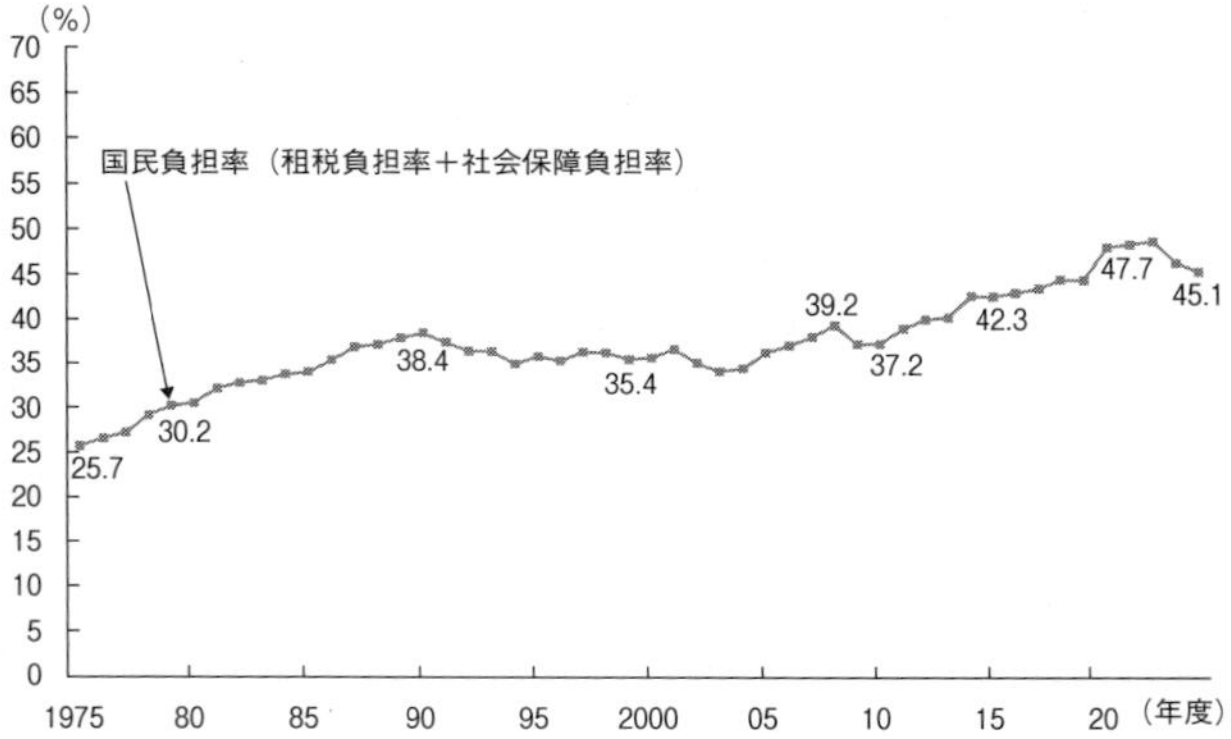

表　国民負担率（社会保障負担率＋租税負担率）の国際比較。ニュージーランドは2020年、トルコは2017年の値、それ以外は2021年の値（出典：日本＝内閣府「国民経済計算」等、諸外国＝OECD "National Accounts"、"Revenue Statistics" より）

	国	%
1	ルクセンブルク	86.8
2	フランス	68.0
3	デンマーク	65.1
4	フィンランド	61.5
5	ベルギー	61.2
6	オーストリア	60.5
7	イタリア	60.1
8	ギリシャ	56.6
9	ノルウェー	56.6
10	ポルトガル	55.7
11	スロベニア	55.2
12	スウェーデン	55.0
13	ドイツ	54.9
14	ポーランド	53.4
15	ハンガリー	53.1
16	スペイン	52.3
17	オランダ	52.3
18	チェコ	52.2
19	スロバキア	51.1
20	アイルランド	49.1
21	ニュージーランド	48.4
22	日本	48.1
23	エストニア	48.0
24	英国	47.6
25	ラトビア	46.4
26	カナダ	45.6
27	イスラエル	45.0
28	韓国	44.8
29	リトアニア	43.5
30	オーストラリア	41.5
31	スイス	38.6
32	トルコ	34.5
33	米国	33.9
34	コスタリカ	32.1
35	チリ	27.5
36	メキシコ	23.0

らかにしつつ、両者を一体的に可視化できるようにすることが必要なのである。

60 税制改正いたちごっこ！

税制改正のシーズン。大きな争点はないが、税制のあり方として国民もきちんと考えるべき問題はいろいろある。その一つが行き過ぎた節税（＝租税回避）の規制方法である。

2019（令和元）年特に問題視されたのがSBG（ソフトバンクグループ）の租税回避だった。詳しいことは字数の関係で書けないが、グループ内で株の移動を行い多額の譲渡損を発生させ、1兆円以上あった利益と相殺したのである。

あまりにもひどいので、年末の税制改正では、同様な行為をしても今後は税負担を回避できないようにすることとなった。しかし、あくまでも同じような行為しか規制できない。別の手口を考えられたら、それを規制するには、別の規定を作らねばならないのだ。まさにいたちごっこだ。

そこで、欧米のように租税回避を規制する一般的な規定を設けるべきだ、という声も強くなっている。しかし、そういう規定を設けると、いつ租税回避を理由に課税されるか分からなくなり、課税庁の権限が強くなりすぎる、という批判もある。どうすべきか読者も考えてほしい。

なお、SBGの会長さんはご自身の頭髪について「髪が後退したのではない。私が前進したのだ」と述べているという切れ者。前に出すぎて、どこかで転げ落ちないことを切に願っている。

（2019・12・5）

SBGの租税回避のスキームは、次のようなものだった。

まず、2016（平成28）年9月に3兆3000億円で英半導体開発大手「アーム・ホールディングス（アームHD）」を買収する。次に、子会社となったアームHDの保有する「アーム・リミテッド」の株式の約75%を配当としてSBGが取得する。その結果アームHDの企業価値は大きく減価することになる。減価したアームHDの株式の大半を、同じくSBGの子会社である「ソフトバンク・ビジョン・ファンド」に譲渡する。そうすると、SBGは、仮に100で購入した会社から75の配当を非課税で受け、25になってしまった会社の株を売ると、マイナス75という多額の損失（譲渡損）を計上できて、利益として残っていた60を相殺してゼロにできてしまうのである。しかも、この一連の取引には、私法上違法な取引はどこにもないのである。

こうした取引を通じて、2018（平成30）年3月期の決算で、SBGの売上高は約9兆1587億円の過去最高額、純利益は1兆390億円を計上していたにもかかわらず、法人税は、なんと「ゼロ」になったのである。

そこで、財務省は慌てて、この年度末の改正でこのようなスキームが使えないような改正をしたが、いわばいたちごっこで、新しい規定の網をくぐってまた租税回避がなされる恐れは十分にある。そこで、これでは手ぬるいと考える立場からは、欧米のように租税回避を否認できるもっと包括的な規定、例えば、経済的合理性のない取引は否認できるとか、法の趣旨に反する取引は否認できる、といった規定を設けるべきだ、という主張が出てくる。それに対して、日本の税務署は権限を乱用しがちなので、そのような規定を設けると安定した取引ができなくなるという反論も出てくるのである。

確かに、現状の規定のままこうした動きを放置すれば「先にやった企業が得をする」ということになる。国側が裁判等で負ければ、法改正が事後的に行われるのが通例で、後発企業は規制されるからである。だからといって、包括的な否認権限を課税庁に与えることには、やや躊躇を覚える。この間の政治家への対応を見ていても、強きを助け、弱きを挫《くじ》く課税庁が権限を公正に行使すると信頼されるには、まだ時間が足りないように思えるからである。

61 税金養子

節税（正確には租税回避）目的のためだけに養子になる、という事例がバブル期にはよく見られた。相続開始直前に孫12人を養子にするような事例もあった。さすがに課税庁も1988（昭和63）年の改正で、基礎控除額に算入できる養子の数を制限した。しかし、それでも養子を1人は算入できる。

そこで、養子をなお節税のために勧める税理士がいるようだ。そんな税理士と息子の勧めにより、高齢の祖父が孫と養子縁組をした。その後、祖父と息子が険悪な関係になり、祖父は孫との養子縁組も解消したいと思っていたが、できないまま亡くなった。そこで、相続人である娘たちがこの祖父と孫との養子縁組を無効だとして争った。

下級審の判断は分かれ、最高裁は2017（平成29）年1月の判決で「専ら相続税の節税のために養子縁組をする場合であっても、直ちに当該養子縁組について民法802条1号にいう『当事者間に縁組をする意思がないとき』に当たるとすることはできない」とした。税金養子というだけで無効にならないとしたが、未成年者養子制度の本来の趣旨を重視する学者からの批判も強い。

最高裁で認められたので、よ〜し養子をもっと活用しようと考えるのは危うい。この制度をようしっている人に相談することを勧める。これが今回のコラムの要旨。

（2019・8・1）


相続税には基礎控除がある。3000万円と600万円に相続人の数を乗じて算出した金額との合計額がそうである。相続人が多ければそれだけ基礎控除額が高くなるわけだ。

そこで、相続人は養子も含まれるので、節税（あるいは租税回避）目的のためだけに養子にする、という事例がバブル期には多発し、相続開始直前にあわてて孫12人を養子にするような事例も出てきた。そこで、1988（昭和63）年の改正で、基礎控除額に算入できる養子の数を次のように規制した。

〈①当該被相続人に実子がある場合又は当該被相続人に実子がなく、養子の数が1人である場合1人
②当該被相続人に実子がなく、養子の数が2人以上である場合2人〉

このように規制されたが、養子を使った方が税負担が減るので、今でも時々、税金対策のためだけに養子を使う人がいる。

コラムで取り上げた事例は、高齢の祖父が孫と養子縁組をしたのだが、その後、祖父と息子が険悪な関係になり、祖父は孫との養子縁組を解消したいと思っていたが、できないまま亡くなったケースである。そこで、相続人である娘たちがこの祖父と孫との養子縁組の無効確認を求めて争ったものであった。一審は、無効とは言えないとしたが、控訴審では逆転して無効とされ、最高裁の税金養子についての初めての判断が注目されたのである。

この養子になった孫は赤ちゃんであり、息子夫婦は収入も多い人たちだったので、縁組をしても、実の親がその後も実際に育てていくことになる。さらに、未成年者養子制度の趣旨は養子になる「子の福祉、利益」である。だから、本来の養子制度の趣旨を重視して判断すれば、このような養子縁組は許されないことになる。しかし、婿養子などに見られるように養子制度が多目的に利用されており、婿養子などが無効とされていない以上、節

税養子も無効とするのは難しい、と考えるかの対立である。

確かに、税金を安くすることは基本的に許されるが、税を減らすためだけの目的で民法上の制度を利用するのはやはり制度の乱用であり、許されるべきではないと私は考えている。

62 脱税の温床?――スイス銀行法47条

「ご隠居、ウクライナみたいな浮かぬ顔だ」

「また出てきたぞ。今度はクレディ・スイスが犯罪者たちの口座のたまり場だったようだ」

「そいつは、スイスの大銀行だ!」

「匿名の内部告発者が『南ドイツ新聞』に実態をリークした。フィリピンの人身売買業者らをはじめさまざまな犯罪者たちの口座の巣窟のようだ」

「それじゃ、スイスは大騒ぎでしょう」

「ところが、南ドイツ新聞によると、スイスのメディアは外国のメディアが伝えていると報道するだけだそうだ」

「自分で中身を掘り下げないんですか？」

「銀行法47条があるからじゃ。ジャーナリストが銀行の秘密データを分析することは『たとえ公共の利益であっても』禁止され、処罰される」

「そんなばかな！」

「欧州ジャーナリスト連盟や国境なき記者団スイス等はこの法律が報道の自由を脅かしていると批判しているが、保守派は沈黙している」

「法律で脅して、まずくなると沈黙？」

「そうだ。2016年のパナマ文書、2017年のパラダイス文書、2021年のパンドラ文書に2022年の本件と告発が続いた。いわば、パンドラの箱が開かれて、あらゆる不正や災いが飛び出している状態じゃ」

「それじゃすぐに箱を閉じないと」

「いや、閉じてはいかん。希望が最後に出てくる」


（2022・2・24）

国際的脱税の温床地帯の一つにスイスがあるのだが、その原因の一つにスイス銀行法の規定がある。スイス銀行法第47条は、銀行の従業員や取引企業から秘密保持義務に違反して取得した情報を「別の人物」に開示した者は、最高3年の懲役または罰金を科せられると規定しているからである。しかも、2015年の改正で情報を受け取った側、つまり内部告発者やこれから起こりうる不正行為を報じたジャーナリストも処罰の対象となっているのである。

もちろん、スイスのジャーナリストたちはこの規定の廃止などを求めているが、なかなか実現しないのである。伝統的なスイスの銀行の銀行機密は、歴史的に顧客の財務上のプライバシーを保護するための手段であったし、これが、スイスの銀行システムに対する信頼の強化に役立ってきたとか、外国人投資家にとってスイスの銀行の魅力を高め、スイス経済の強化につながってきたと言われているのだが、他方で常に犯罪の影がつきまとうのである。

63

社会保険料と税の違い？

【社会保険料】

増税への抵抗が強いときに使うもう一つの税金

★悪魔による解説

異次元の子育て支援の財源をどうするか。どうやら、今回は社会保険料に上乗せして、それを財源にするようだ。増税を表に出さなくてもすむ。

だが、税と社会保険料とは何が違うんだい？

国民健康保険料を徴収している自治体と国民健康保険税を徴収している自治体があるが、何が違う？　実質名前だけだ。

え？　税は一方的な負担で直接の見返りはないが、社会保険料は将来年金等として還元される？　そんな建前を信じているのかい。年金にも税がつぎ込まれているし、年金ももらえないまま亡くなる人もいる。王様が課税権を持っていた時代は、税は王様のために使われたので、保険料には手を出せないようにしたのは分かるが、今の主権者は国民自身だ。税金も社会保険料も国民のために使うべきだし、現実にごちゃごちゃだ。だから、オランダは少し時間をかけて保険料を税に統合して国民が分かりやすいようにしているぜ。複雑にして都合よく使っている官僚や学者に騙《だま》されるなよ。

どうして日本人は名前に弱いんだい？　俺だって、悪魔と名乗ると信じてもらえないので、時々名前を変えるんだが、すごく効果的だぜ！　え？　何て名前を使うかって？

そりゃ、決まってるさ、「神」と名乗るんだよ。

（2023・4・13）


子育て支援金を出すことは大いに喜ばしいのだが、その財源をどうすべきか。本来は所得税の増税などで対応すべきなのだが、政府は2023（令和5）年6月に公的医療保険制度を活用することを決めた。

翌2024（令和6）年3月に示された試算では、この3年間の医療保険制度全体の加入者1人あたりの平均月額が示され、2026年度は250円、2027年度は350円、2028年度は450円だそうだ。保険料負担増で支援金の財源を作るという発想がそもそもよく分からない。増税だと国民が過敏に反応するので、よく分からないように保険料で負担させるという愚民政策だと一向に日本社会の財政は明るくならないと思われる。3年後、どう評価され、修正されるかを注視していきたい。

なお、日本の税財政の実態を見ると、それぞれの本質から区分されているのではなく、財務省がにぎっているものが国税、総務省がにぎって離さないのが地方税、厚労省が死守しているのは社会保険で、それぞれの省庁の堅い利権と密接につながっている。政権交代を通じて崩していかないと、合理的な制度の再構成は難しそうだ。

64 拳銃税

「ご隠居、バイデン大統領が嘆いてますぜ。『この国では毎日316人が撃たれ、106人が殺されている。もうたくさんだ』(「東京新聞」2022年2月6日)って」

「まったくの〜。だからわしはアメリカへは行きたくないんじゃ」

「大統領なんだから体を張って規制する法律を作るべきでは?」

「それが難しい問題もあるのじゃ。アメリカ合衆国憲法の修正第2条には『規律ある民兵団は、自由な国家の安全にとって必要であるから、国民が武器を保有し携行する権利は、侵してはならない』と規定されておる。18世紀にイギリスの植民地主義に抵抗したアメリカの象徴じゃの」

「てへ、こんなおかしな規定が今でも？」

「だからこの規定に抵触しないように規制をするしかない」

「それじゃ、ご隠居でも手が出ねえ？」

「ふふふ、わしが大統領なら、武器を保有するのは自由にし、国家の軍備とは別に武器で自分を守れる経済力に着目し、拳銃税を導入するな」

「おお、伝家の宝刀、税金！　で、税率は？」

「最初は抵抗されるので、1丁3ドル、その後は5、8、10ドルに上げ、最後は前年拳銃で殺された人数となり、隠したらその3倍じゃ」

「1日106人の翌年は約3万8000ドル？　そりゃ、重すぎますぜ！」

「いや、当然じゃ。だって、銃税なんだから」


（2022・2・10）

憲法上、銃の所有を禁止できないなら、禁止はしないけど、銃を持てるほどの担税力があるのだから、税金を負担してもらい、徐々に減らしてもらおうという発想はアメリカにも当然ありそうだ。

1934年に採択された連邦銃器法は、機関銃、サイレンサー、のこぎり切り散弾銃など、組織犯罪者が好む武器の譲渡に課税していた。銃器と弾薬に関する州税法はさらに古いのだそうだ。

19世紀半ばから、少なくとも9つの州が、銃器を所持、携帯、使用する人に課税し、軍用武器など免税を認める州もいくつかあり、また、ある州では、最初の3丁に免税を認め、所有する銃が増えるごとに課税するという段階的な課税を行ってきた。

合衆国憲法修正第2条は、州や地方自治体が銃器や弾薬に課税することを禁じてはいないが、あまりの重税にすると、その課税額が、銃の所有が一般消費者の手の届かないものとなり、銃の所有に負担をかけ、憲法修正第2条が意図する権利を侵害する、として違憲判断がされそうである。銃による事件を起こす人は多数の銃を持っているようなので、銃の最初の購入を安くし、その後の購入を段階的に重税にすることで減らすことが良さそうだが、いずれにせよ、困った憲法である。

65 ひげ税

「プーチンがピョートル大帝に自らを重ねて侵攻を正当化しておる。嫌だね〜、八っつぁん」

「ピョートル大帝？　ロシア史は分かんねえ」

「ロシア近代化の父と言えるが、同時にすさまじい軍拡主義者で、彼の時代は戦争の連続だった。だから軍事費が膨張し、１７０５年では歳入も少し前の倍になったが、その９割が軍事費という超軍事国家になった」

「庶民は大変だ。何でもかんでも税金を取られたんでしょうね」

「ウオッカや毛皮などが専売にされただけじゃない。土地、馬車の他、風呂、帽子、長靴等も課税対象にされたの」

「寒いロシアで生活するための必需品じゃないですか。ひどいねえ」

「そんなことで怒ってはいかん。農奴制を強化し、人頭税まで徴収していたぞ。それだけではなくヒゲにも着目した」

「ハゲに？　ご隠居も大変だ！　寒いロシアだとハゲは防寒費がかかるので贅沢《ぜいたく》な頭として課税されたんですかい？」

「これこれ、わざと間違えてはいかん。それだと、プーチンも課税されてしまうぞ。あごひげに着目したんじゃ。非近代的で西欧に遅れたロシアの象徴とみなされたのじゃ。ひげを剃《そ》らないと身分に応じて税が課され、払った証明の銅札をつり下げねばならない。その札には字が刻まれていた」

「おや、何と？」

「あごひげは無用の長物」


（2022・6・16）

ロシアのピョートル（ピーター大帝、在位1682〜1725年）はロシアを西ヨーロッパ諸国を手本として近代化し、それによって祖国の地位をヨーロッパ列強に並ぶものにしようと努力した人であったが、そのために戦争の連続、その費用の捻出のための新税が続き、ありとあらゆるものが課税されたと言われている人物である。ひげ税も有名で、その内容を三浦一郎『珍税・奇税　世界の税金物語』（PHP研究所、1994年、57頁）から紹介してみよう。

〈ひげ税は貴族と高官は年額百ルーブリ、商人は六十ルーブリ、従僕などは三十ルーブリだった。農民は課税されなかったが、町に出入りするたびに半コペイクずつ払わねばならなかった。ひげ税は納入するとメダルを渡された。その片面にはひげの図、裏面には徴収年と鷲が刻まれていた。時には「ひげは無用の長物」という言葉も刻まれていた。このメダルはつねに持参していなければならなかった。なぜなら検問が時としてあり、持っていないとまた徴収されたからだった。〉

ピョートルにとって、ひげはロシアの後進性の象徴で我慢ならなかったようだ。税を負担しても生やし続ける猛者がいたかどうかは不明である。

66 皇国租税理念調査会

政府はこのところ、重要な資料を残さないように廃棄しているようだ。74年前にも敗戦が決まってから、慌てて不利な資料を大量に焼却したが、そういう事態を予測していたのだろうか。

74年前に大蔵省が焼却した資料の大半は今もって不明である。ところが戦後その一部が古本市場に出て、それを入手した大蔵省出身の研究者により紹介された主税局の調査会がある。「皇国租税理念調査会」である（吉牟田勲「皇国租税理念調査会小史」東京経営短期大学紀要第10巻、2002年）。

この調査会は、1944（昭和19）年2月10日に第1回会合が開かれ、翌年3月の東京大空襲まで数回開かれたものの、正式な答申を示さないまま終戦を迎えている。メンバーは当時の一流大学の財政学等の教授と大蔵省職員であり、戦後このメンバーが中心になって税務行政が継承され、この中から複数の総理大臣が生まれ、メンバーの後継者たちが現在の与党の中枢を担っていることが分かる。

この調査会の狙いは明白だ。戦時財政の逼迫《ひっぱく》に伴う納税意識の高揚を目指し、租税を権利義務ではなく、「貢ぎ」として「お初穂」を進んで国に上納するようなものにしたかったようだ。だから、占領軍にも、国民にも見られたくなかったのだろう。

今日からみれば笑止千万だが、笑うだけではすまない小史でもある。

（2019・8・15）

終戦直前、大蔵省は国民の納税意識を一層高めようと、皇国租税理念調査会を立ち上げていたのである。逆に言うと、そうせざるを得ないほど、戦時下の状況が厳しくなり、国民の納税意識も低下していたものと思われる。

まず、この委員会の設置要項を見てみると、狙いがよく見えてくる。

〈皇国租税理念調査会設置要綱

一　大東亜戦争の長期化に因り租税の戦時財政経済に於ける重要性が愈々累増するに伴ひ国民一般の租税に対する認識を益々深らしむると共に国体の本義に基く皇国租税理念を闡明《せんめい》し以て旺盛なる納税奉公の精神を国民の間に醸成するは現下喫緊の必要事たるに鑑み右の目的を達成する為大蔵省に皇国租税理念調査会（以下単に調査会と称す）を設置すること。……（中略）

三　調査会は会長の招集に依り会議を開き皇国租税理念の本義に付審議を行ひ又は之に関し必要なる各種の調査研究を為し以て皇国租税理念の闡明を期すること。

四　審議又は調査研究の結果は之を「皇国租税理念の本義」（仮称）として取纏むること。

五　「皇国租税理念の本義」（仮称）は之を公刊し且つ必要あるときは之に基き平易闡明なるぱんふれつとを作成して広く一般に配布し以て皇国租税理念の昂揚に資すること。〉

この委員会は大蔵省主導で設けられているので、幹事クラスは書記官が担当することになるが、大蔵書記官　池田勇人、大蔵調査官　野田卯一、大蔵書記官　福田赳夫の名前があるのもおもしろい。

それまでの租税とは異なる皇国にふさわしい租税理念というものを学者たちがいろいろ述べるが、大蔵省の狙いは主税局長であった松隈秀雄の「皇国租税理念の確立」という論稿にあったことは明らかだ。吉牟田教授によれば、納税者と税務官吏の対立があってはいけない、納税者が喜んで捧げるような納税者意識を持たねばならない、ということが狙いだったようだ。これを「租税の本義」としてまとめて、国民に普及させたかったようだ。しかし、戦争の激化等もあり、2回の委員会と1回の幹事会を開き、様々な資料を提出して活発な論議が行われたが、「租税の本義」は、結局、まとめられて公刊されるには至らなかった。それどころか、敗戦が濃厚になったので、慌ててこれを廃棄し、進駐軍を迎えたことになる。

そして、ここに関与していた人たちが、戦後も日本の税制のリーダーとして君臨していった。戦後の日本国憲法にも、おかしな条項（主権者である国民に納税の義務があるかのような規定）が入り込み、戦後80年を経ても、主権者としての納税者が育たない制度（年末調整制度など）が維持され、嫌税感ばかりが強い国民と自律心のない議員が跋扈《ばっこ》するようになったのは、この発想をきちんと清算しておかなかったからかもしれない。

67 10分の1税——何%の税金?

「ご隠居、安倍元首相の銃撃事件との関係で旧統一教会が献金について『ご本人の意思で献金されていきますが、献金の額それぞれはご本人の心情に基づいて献金されているると受け止めています。いわゆる10分の1の献金ということは意識して教育している』なんて弁明していやすね」

「心情ではなく、身上に基づき献金させられていなければ良いがの。仮に本当だとしても何の10分の1かい〜」

「えっ? 何の?」

「いわゆる10分の1税はキリスト教世界だけではなく、古代ではメソポタミア、中国、エジプト、ギリシャ等々、至る所で実施されていたようじゃ。だから、神に捧《ささ》げるものというよりは、様々な支配者に利用されてきた制度じゃ。ヤコブが『すべてのものの10分の1』と言うように、基準はすべて収入等で、経費等を引いた所得ではないな」

「え〜、収入の10分の1？　じゃあ、90の経費をかけて100の収入があった場合は10の儲《もう》けが根こそぎ税や寄付としてとられちゃう？」

「そういうことになるの。もちろん、収入とか所得の区別等が昔はなかったろうからやむを得ないが、過酷な負担じゃぞ」

「だけど、なぜ、10分の1だったんです？」

「古代人でも計算可能だったからじゃろう」

「？」

「人が計算に使う指は10本だからの〜」


（2022・7・28）

旧統一教会が10分の1献金を信者から集めているのが話題になった。おそらく、キリスト教の10分の1税をモデルとする寄付なのであろう。この10分の1税というのは旧約聖書の「地の10分の1は地の産物であれ、木の実であれ、すべて主のものであって、主に聖なるものである」という記述からきているようだ。この記述からすると、すべての収穫物の

10分の1を意味しているようにしか思えないので、収入金課税ということになりそうだ。そうすると、10分の1課税はものすごく重い税金ということになる。仮に100の収入を得るために80の経費をかけていたら、所得は20だから、その半分を税として納めることになるからである。

したがって、16世紀のルターの宗教改革の中でも10分の1税が取り上げられ、貧しい者からもこのような税を徴収していることが批判されていた。

現代でも、ドイツなど数カ国では、教会が教会税を徴収できることになっているが、所得税額の10％程度以下なので、収入に換算すると、1％にも満たない負担に変わってきている。それでも負担を嫌がって逃げる人が多いようで、教会関係者を困らせているようだ。なお、カソリック教会が徴収し、プロテスタントでは徴収していないようだ。

68 血税の不平等

イスラエルの選挙でネタニヤフ首相が苦戦した。

その背景には彼を支持してきた政党間に不公平な兵役免除制度の廃止を巡る対立があった。イスラエルでは18歳以上の男性は3年間、女性は2年間の兵役に就く義務を負うが、超正統派の人々には免除されてきた。これに対して、右派の「わが家イスラエル」は超正統派に対する兵役や税金免除などを過度の優遇として、その廃止を求めていたからである。この背景には戦争で家族が犠牲になったイスラエル庶民の不満がありそうだ。

実は、この血税（＝兵役）による家族の犠牲への怒りが第二次世界大戦後の世界の税制を大きく塗り替えたのだ。第二次世界大戦は総力戦だった。庶民の大半は家族に犠牲者がいた。

ところが富裕層は、どの国でもさまざまな手で家族を避難させていた。この不公平感が、それなら富裕層は金銭だけでも負担しろ、という超過累進税率を資本主義国に導入させたのである（K・シーヴ、D・スタサヴェージ／立木勝訳『金持ち課税』みすず書房、2018年）。

庶民がこの怒りを忘れ始めた1980年ごろのレーガン税制から税率がフラット化した。庶民が再び富裕層への優遇を怒り、公平な税制を実現できるか？　難しそうだ。

だ〜って、かつての富裕層は、今や国境をまたぐ浮遊層になって、庶民には見えないもんね〜。（2019・9・19）

血税というと現代ではよく次のように使われる。

〈【大阪・関西万博】開催地の首長が「国の事業だから赤字になっても負担しない」と語る本末転倒「血税の垂れ流し」はどこまで続くのか〉

国民が血のにじむような苦労をして払った税をなぜ、こんな無駄なことに使うんだ、という意味で使われる。でもこれは完全な誤用なのだ。

本当の意味は「兵役」である。国王が主権を持っていた時代の憲法は、どの国も臣民に納税の義務と兵役の義務を一体的に課していた。金銭納付による経済的負担が納税義務であり、血の負担による肉体的負担が兵役だったわけである。

「血税」という日本語が使われたのは、1872（明治5）年11月の「徴兵ノ詔」からだと言われている。そのなかの「徴兵告諭」に次の文章があったのである。

〈凡ソ天地ノ間一事一物トシテ税アラサルハナシ以テ国用ニ充ツ然ラハ則チ人タルモノ固ヨリ心力ヲ尽シ国ニ報ヒサルヘカラス西人之ヲ称シテ血税ト云フ其生血ヲ以テ国ニ報スルノ謂ナリ〉

高島俊男さんの解説によると、次のような意味になる（『「週刊文春」の怪』文春文庫、2001年、179頁）。

〈この世すべて税のかからぬものはない。それをもって国の用にあてるのである。人にも税がかかる。力いっぱい国にむくいるのがそれである。西洋人はそれを血税と言っている。生きた血でもって国に報ずる、の意味である。〉

ところがこの「血税」という言葉が、たいへんな誤解を招いた。これは血の税であり、政府は若い男を集めてその血をしぼって西洋人に売るのだ、というデマが拡散し、恐怖にかられた農民たちが「血税一揆」と呼ばれる暴動を起こしてしまったからである。政府はそれ以後この言葉をあまり使わなくなったようだ。

世界中にこの血税が実施されたのが、第一次、第二次世界大戦。血税負担者は貧しい庶民の子供たち、どの国でも、富裕層は賄賂《わいろ》で、家族を戦場には送らなかったのだ。

普通の税金も不公平だし、血税も不公平だったわけだ。コラムに書いたイスラエルの内紛も血税問題であった。2024年6月、イスラエルの最高裁は、超正統派も徴兵対象にすべきだとしたが、現実になるかどうかはまだ不明である。血税のない世界にすることが人類の課題である。

69 超富裕者課税ブレイクスルー

「ご隠居、涙ぐんじゃってどうしたの？」

「いやね、ブラジルのルラ左派政権がやってくれるじゃあないか」

「あの謝罪ってやつですか？　第二次大戦中に日本人移民を『敵性外国人』とみなして迫害したことについて公式に謝罪したってことですか」

「過去の歴史に目を向ける姿勢がいい。過去に目を閉じ美しい日本を讃《たた》える連中と大違いだ。それだけじゃない。２０２４年7月26日、ついにG20で共同声明に、各国は『超富裕層が効果的に課税されるよう協力に努める』という文章を入れさせたぞ」

「へえ〜、それが大変なことなんで？」

「G20で初めてじゃ。アダジ財務大臣に『道徳的な観点からすると、富裕な20カ国が、貧乏人には累進課税を行い、金持ちには累進課税を行わないという問題があることを考慮するのは、非常に意義のあることだ』と言われたら、反論できまい」

「で、具体的には？」

「ブラジルの提案の基になっている報告書によると、所得税では超富裕層の所得が把握できないので、その人たちの富（非金融資産と金融資産の合計額から負債を引いたもの）の2％まで所得税として負担してもらおうという構想じゃ」

「超富裕者って」

「富10億ドル以上の世帯で、世界で約3000世帯あるそうじゃ。日本にもほしいの、こういう努力をする政権が！」

（2024・8・1）


2024年7月、ようやく世界はここまでたどり着いたと言えようか。とはいえ、その実現にはまだまだ距離があることも事実だ。

富裕税は、1990年当時、OECD加盟国12カ国で導入されていた。しかし、オーストリア（1994年）、デンマークとドイツ（1997年）、オランダ（2001年）、フィンランド、アイスランド、ルクセンブルグ（2006年）、スウェーデン（2007年）など、そのほとんどが1990年代から2000年代にかけて富裕税を廃止した。2006年に富裕税を廃止したアイスランドは、2010年から2014年にかけて一時的な「緊急措置」として富裕税を再導入した。フランスは２０１８年に富裕税を廃止した最後の国であり、高額不動資産への課税に取って代わられた。２０２０年には、ノルウェー、スペイン、スイスだけとなってしまった。

こういう流れの中で、２０２４年のG20で超富裕層に、所得ではなく「富」の２％分の負担をしてもらおうという新しい提案が出てきたことは喜ばしい。この提案を行ったズックマン氏の報告書では、所得税では超富裕層に課税できなくなっている現状を次のように指摘している。

〈この問題を理解するためには、まず、超富裕層が収入源としているのは賃金ではなく、所有している富、より正確には、ほとんどの場合、所有しているビジネスであることに注目する必要がある。これらのビジネスは利益を上げ、通常、法人所得税の課税対象となる。個人所得税の限界の核心は、富裕層が課税対象となる個人所得をほとんど、あるいはまったく申告しないように富を構成できるため、個人所得税を回避できるという点にある。この租税回避は主に2つの方法で行われる。（i）配当の分配やキャピタルゲインの実現を回避する方法、（ii）持株会社や同様の法的構造を利用する方法である。

第一に、企業の支配的株式を保有する人々は、配当を行わないよう企業に指示することができる。配当がない場合、利益は企業に再投資される。この再投資は企業価値の向上に寄与し、株価を押し上げる。

株主が株式を売却するとキャピタルゲインが発生し、多くの国では個人所得課税の対象となる。しかし、株式を保有し続けることで、このキャピタルゲインに対する課税を回避することもできる。したがって、配当分配やキャピタルゲインの実現を回避することで、企業の支配的株式を持つ人々（非公開企業の過半数所有者や上場企業の重要な議決権を持つ人々など）は、課税所得の申告を回避することができる。

……（中略）……

超富裕層が所得税を回避するために利用する2つ目の方法は、個人資産保有会社や同様の法的構造を利用することである。これらの持株会社は、ある会社の株式の名目上の所有者としての役割を果たす。その法人が支払った配当金は、形式上は別の会社（持株会社）が受け取ることになり、そのため個人所得税は免除される。……（後略）〉（Gabriel Zucman, "A blueprint for a coordinated minimum effctive taxation standard for ultra-high-net-worth individuals", 2024）

確かに、そうであった。所得税は公平にしやすい税だと思ってきたが、庶民は働いた賃金を手にしなければ生活できないので、所得税の対象にされてしまうが、超富裕層は所得を実現しなくても富を増やしていけるのだ。その意味で、決定的な不公平を内在させている税制でもあるのである。

おわりに

税制は自然法則とは異なり、不動の原理というものが必ずしもありません。ですから、ほっておくと為政者たちによってすごく歪められたものになりがちです。2024年10月末の総選挙で、与党が過半数割れしたことにより、ようやく税制についても基本的なことが議論され始めたのは良いことです。そういう議論に際して、どのような税制が望ましいのか、皆さんの考えるヒントになっていれば幸いです。

本書のもととなっているコラムを執筆させていただいている東京新聞特報部の皆さんには、この機会にお礼を申し上げておきたいと思います。また、本書の校正については、道下知子さん（青山学院大学准教授）、藤間大順さん（神奈川大学准教授）、尾花布佐子さん（青山学院大学院生）のご協力をいただき、さらに、筑摩書房編集部の伊藤笑子さんからの温かい励ましと緻密な校正のおかげで完成することができましたので、記して謝意を表しておきたいと思います。

2024年11月

三木義一

参考文献

一般社団法人日本新聞協会「なぜ新聞に軽減税率が必要なのですか？」Pressnet、https://www.pressnet.or.jp/keigen/qa/#q2（2024年11月7日閲覧）

上田二郎『国税調査トクチョウ班――マイナンバーで「封じる脱税」「逃れる脱税」』法令出版、2018年。

ケネス・シーヴ、デイヴィッド・スタサヴェージ著／立木勝訳『金持ち課税――税の公正をめぐる経済史』みすず書房、2018年。

公明党「軽減税率導入法　成立」。写真で読む公明党の55年、https://www.komei.or.jp/campaign/komei55/page/41/（2024年11月7日閲覧）

酒井美意子『ある華族の昭和史』主婦と生活社、1982年。

高島俊男『お言葉ですが…』文春文庫、1999年。

高島俊男『「週刊文春」の怪』文春文庫、2001年。

武田昌輔『東西税金ばなし――続税金千一夜物語』清文社、1997年。

深田一弥「交際費課税と原子力発電」2012年4月23日。税理士法人深田会計、https://fukada-kaikei.com/opinion/%E4%BA%A4%E9%9A%9B%E8%B2%BB%E8%AA%B2%E7%A8%8E%E3%81%A8%E5%8E%9F%E5%AD%90%E5%8A%9B%E7%99%BA%E9%9B%BB（2024年11月7日閲覧）

福場ひとみ『国家のシロアリ――復興予算流用の真相』小学館、2013年。

三浦一郎『珍税・奇税　世界の税金物語』PHP研究所、1994年、57頁。

宮川博行「消費税の免税制度に関する一考察――輸出物品販売場制度の在り方を中心として」。『税務大学校論叢』64号、2010年、89～207頁。

宮城県環境生活部再生可能エネルギー室「再生可能エネルギー地域共生促進税について」2023年11月29日。宮城県、https://www.pref.miyagi.jp/documents/49155/tax_2.pdf（2024年11月7日閲覧）

吉牟田勲「皇国租税理念調査会小史」。東京経営短期大学教務委員会編『東京経営短期大学紀要』第10巻、2002年、1～38頁。

Artur Swistak, Rita de la Feria. "Designing a Progressive VAT". International Monetary Fund. 2024-04-05. https://www.imf.org/en/Publications/WP/Issues/2024/04/05/Designing-a-Progressive-VAT-546923（2024年11月7日閲覧）

Gabriel Zucman. "A blueprint for a coordinated minimum effective taxation standard for ultra-high-net-worth individuals". 2024-06-25. Commissioned by the Brazilian G20 presidency. https://www.taxobservatory.eu//www-site/uploads/2024/06/report-g20.pdf（2024年11月7日閲覧）
（ガブリエル・ズックマン『超富裕層に対する最低実効税率に関する報告書』2024年、ブラジルG20議長国からの委託による報告書）

索引

ちくま新書
1838

まさかの税金《ぜいきん》
——騙《だま》されないための大人《おとな》の知識《ちしき》

二〇二五年一月一〇日　第一刷発行

著　者　三木義一（みき・よしかず）
発行者　増田健史
発行所　株式会社筑摩書房
東京都台東区蔵前二-五-三　郵便番号一一一-八七五五
電話番号〇三-五六八七-二六〇一（代表）
装幀者　間村俊一
印刷・製本　株式会社精興社

ISBN978-4-480-07665-6 C0232

ちくま新書

1501 消費税増税と社会保障改革　伊藤周平

新型コロナ流行による大打撃以前から、消費税増税のために経済や福祉はボロボロ。ウイルスとの闘いのさなかでさえ、社会保障を切り下げる日本のドグマ。

1802 検証 大阪維新の会——「財政ポピュリズム」の正体　吉弘憲介

誰に手厚く、誰に冷たい政治か。「身を切る改革」、授業料無償化から都構想、万博、IR計画まで。印象論を排し、財政データから維新の「強さ」の裏側を読みとく。

1821 社会保障のどこが問題か——「勤労の義務」という呪縛　山下慎一

日本の社会保障はなぜこんなに使いにくいのか。複雑に分立した制度の歴史を辿り、日本社会の根底に渦巻く「働かざる者食うべからず」という倫理観を問いなおす。

1810 自民党幹事長——歴史に見る権力と人間力　星浩

組織運営力や政策調整力から、人望など総合的な力までも問われる自民党幹事長。全55代の業績を検証し、その強さの秘密を探りつつ、政治とカネの問題を考察する。

1819 金利を考える　翁邦雄

住宅ローン金利はどうなるか。なぜ低金利が円安を招くのか。株価暴落はなぜ、どのように起きるのか。金融政策の第一人者が根本から解き明かす。

1830 世界経済史講義　水野和夫　島田裕巳

経済の誕生からグローバル資本主義の終焉まで、経済学者と宗教学者が語りつくした、初めての「世界の経済史」。これから経済は何を目指すのかが、見えてくる。

1791 経済学の思考軸——効率か公平かのジレンマ　小塩隆士

経済学はどのような〝ものの考え方〟をするのか、2つの評価軸をもとに原理原則から整理する。市場、格差、経済成長……ソボクな誤解や疑いを解きほぐす。